In 365 Fragen

WELTWEIT WISSEN

um die Welt

»

Die größte Sehenswürdigkeit, die es gibt, ist die Welt – sieh sie dir an!

«

(Kurt Tucholsky)

Mit größtem Vergnügen folgen wir dieser charmanten Aufforderung und begeben uns auf eine spannende Reise – in 365 Fragen um die Welt! Gegliedert in drei verschiedene Schwierigkeitslevel, ist garantiert für jeden etwas dabei:

Level 1

Balkonurlauber:
Gehen wir es entspannt an!

Level 2

Reiselustige:
Hoppla, wie war das noch mal?

Level 3

Weltenbummler:
Hier sind wirklich Experten und Profis gefordert!

Jeder Rätselfreund hat meistens seine Lieblingsthemen und Steckenpferde.
Zur besseren Übersicht sind die Fragen daher nach bestimmten Kategorien sortiert und mit farbigen Stempeln markiert.
Zur Auswahl stehen:

Erbe der Welt
Von der UNESCO ausgezeichnete Kultur- und Naturerbestätten inklusive Immaterielles Kulturgut

Superlative der Welt
Die Größten, Kleinsten, Höchsten und Schnellsten dieser Welt ...

Warum? Darum!
Klare Frage, klare Antwort

Schon gewusst?
Interessantes, Ungeahntes, Wissenswertes ...

Wo liegt das?
Kleine Kunde der Erde und Geografie

Obskures und Skurriles
Wirklich wahr? Unglaublich!

Tomaten auf den Augen
Ich sehe was, was du nicht siehst ...

Das Erquickliche an diesem ultimativen Rätselbuch ist: Es gibt bei diesem Match keine Verlierer. Wer die richtige Antwort selbst kennt, darf sich stolzerfüllt oder gerne auch diebisch freuen. Wer passen muss, hat im Lösungsteil einen Wissensbaustein dazugewonnen. Die meisten Fragen haben alternative Lösungsvorschläge angeschlossen, das kann sehr hilfreich sein, wenn man spontan erst mal im Trüben fischt.

ABER ACHTUNG!
Es kommt auch vor (wenn auch selten), dass zwei Punkte die richtige Antwort bilden.

Und wer sich am Ende dieses Buches etwas grämt oder sich mit seiner persönlichen Erfolgsbilanz an richtigen Antworten verkannt und enttäuscht fühlt, dem sei noch eines mit auf den weiteren Weg gegeben:

»

Die Größe der Welt wird nicht allein nach Kilometern gemessen. Sie liegt in grenzenloser Weise in uns selbst.

«

(Unbekannt)

Inhaltsverzeichnis

Für Balkonurlauberinnen und Balkonurlauber 6
Lösungen 57

Für Reiselustige 80
Lösungen 133

Für Weltenbummlerinnen und Weltenbummler 162
Lösungen 207

Bildnachweis und Impressum 230

Keine Koffer packen, kein Check-in, kein Stau auf der Autobahn in Richtung Süden – wie entspannt kann ein Urlaub auf Balkonien sein! Wer dabei trotzdem Sehnsucht nach der Ferne verspürt und vom Wissensdurst auf fremde Länder und Kulturen geplagt wird, dem sei Level 1 empfohlen. Spannende Fragen und kniffliger Ratespaß rund um den Globus warten auf neugierige Balkonurlauber und Daheimgebliebene. Denn um den eigenen Horizont zu erweitern, muss man nicht immer selbst unterwegs sein. Die Reise in Gedanken ist ebenso eine fantastische Unternehmung.

Zudem: ***Jede Reise beginnt im Kopf.***

Viel Spaß dabei!

Für
Balkonurlauberinnen
und
Balkonurlauber

Frage 1
Obskures und Skurriles

Welchen ***Spitznamen*** haben die endemischen ***Eibenblättrigen Nusseiben*** bei den Einheimischen ***in Florida?***

a) Floridas Nutshell

b) American Horror Tree

c) Stinking Cedar

Frage 2
Erbe der Welt

Warum nennt sich ein ***Nationalpark,*** der sich über mehrere Länder Afrikas erstreckt, schlicht ***»W«?***

a) Der Sänger Wolfgang Niedecken der Gruppe BAP engagiert sich seit den 1990er-Jahren für Afrika und initiierte den Nationalpark, wollte aber nicht mit seinem vollen Namen als Gründer auftauchen.

b) In der Amtssprache der beteiligten Länder – Französisch – steht das Wort »Woulée« für einvernehmliches Unentschieden nach einem Fechtkampf.

c) Der Fluss Niger bildet aus der Luftperspektive ein deutliches W.

Frage 3
Schon gewusst?

Wie heißt die ***Hauptstadt Australiens?***

a) Canberra

b) Sydney

c) Adelaide

Frage 4 – Warum? Darum!

Warum müssen die Hauptstadtbewohner auf ***Island*** sich keine Gedanken über das ***Schneeräumen*** machen?

Frage 5 – Tomaten auf den Augen?

Wem gehören diese ***Füße?***

a) Sie gehören zum Eingang der 2019 eröffneten Theaterbühne für die Muppet Show in Disneyland, Kalifornien.

b) Kolossalen Statuen altägyptischer Gottheiten in Ägypten

c) Sie sind am Mount Rushmore in South Dakota zu finden und gehören zu den gigantischen in Fels gehauenen ehemaligen Präsidenten der USA.

Frage 6 – Superlative der Welt

In welchem Land befindet sich die ***längste Höhle*** der Erde?

a) USA

b) Vietnam

c) Russland

Frage 1 – Schon gewusst?

Wer bezwang ***als Erster*** den höchsten Gipfel der Welt, den ***Mount Everest?***

a) Achille Compagnoni

b) Reinhold Messner

c) Edmund Hillary

Frage 8
Superlative der Welt

Welcher Zug befährt die ***längste Bahnstrecke der Welt?***

a) Der Orient-Express

b) Die Transsibirische Eisenbahn

c) The Ghan

Frage 9
Tomaten auf den Augen?

Was ist das, wenn es im Ganzen gezeigt wird?

a) Truthahn

b) Mandrill

c) Chamäleon

Frage 10 – Superlative der Welt

Welcher *Laubbaum* hat die größte *Verbreitung* weltweit?

a) Ahorne b) Buchen c) Eichen

Frage 11 – Obskures und Skurriles

Welchen Trick nutzen manche *Affen*, um die *kalte Jahreszeit* gesund zu überstehen?

a) Sie graben sich Erdlöcher oder nutzen die Höhlen anderer Tiere.

b) Sie kraulen und umarmen sich gegenseitig.

c) Sie baden in heißen Thermalbädern.

Frage 12 – Schon gewusst?

Welcher *Archipel* war für die *Evolutionsforschnug* bedeutsam?

a) Salomonen b) Andamanen c) Galápagos

Frage 13
Schon gewusst?

Natur versus Baukunst – Wer hat den *höheren Bogen?*

a) Arc de Triomphe in Paris

b) Delicate Arch in Utah, USA

Frage 14
Tomaten auf den Augen?

Was verbirgt sich hinter diesem *Ausschnitt?*

a) Eine australische Riesenkrabbe mit extrem ausgeformten Scheren

b) Eine neue Fruchtzüchtung aus Mango und Banane, »Mangane«

c) Eine indische Vogelart mit extrem ausgeformtem Schnabel

Frage 15
Superlative der Welt

Wo befindet sich die *engste Straße* der Welt?

a) Am berühmten Blumenmarkt im indischen Kalkutta

b) Im 3600 Meter hoch gelegenen La Paz in Bolivien

c) Im deutschen Städtchen Reutlingen

Frage 16 – Schon gewusst?

In welcher Reihenfolge – nach ***Fläche*** sortiert – erscheinen die ***Kontinente*** dieser Erde?

Afrika ○
Asien ○
Nordamerika ○
Australien/Ozeanien ○
Antarktika ○
Südamerika ○
Europa ○

Frage 17 – Superlative der Welt

Wie heißen die drei ***größten Inseln*** der Erde?

1 ____________ 2 ____________ 3 ____________

Frage 18 – Schon gewusst?

Welches Tier hat sich im Laufe der Evolution weitgehend von ***Flugkünsten*** zugunsten von ***Schwimmkünsten*** verabschiedet?

a) Blautölpel
b) Pinguine
c) Emus

Frage 19 Schon gewusst?

Welche Kernaussagen enthält die *Evolutionstheorie?*

a) Der Klügere gibt nach.
b) Der Stärkere gewinnt.
c) Der Klügere gewinnt.

Frage 20 Schon gewusst?

Wozu dienen die *Höcker* den Kamelen?

a) Als Fettspeicher
b) Als Wasserspeicher
c) Als Gleichgewichtsorgan

Frage 21 Tomaten auf den Augen?

Was ist das?

a) Vergrößerte Aufnahme eines Insektenflügels
b) Vergrößerte Aufnahme einer Bienenwabe
c) Vergrößerte Aufnahme eines Insektenauges

Frage 22
Superlative der Welt

Wie heißt das **höchste Gebäude** der Welt?

a) Taipei 101
b) One World Trade Center
c) Burj Khalifa

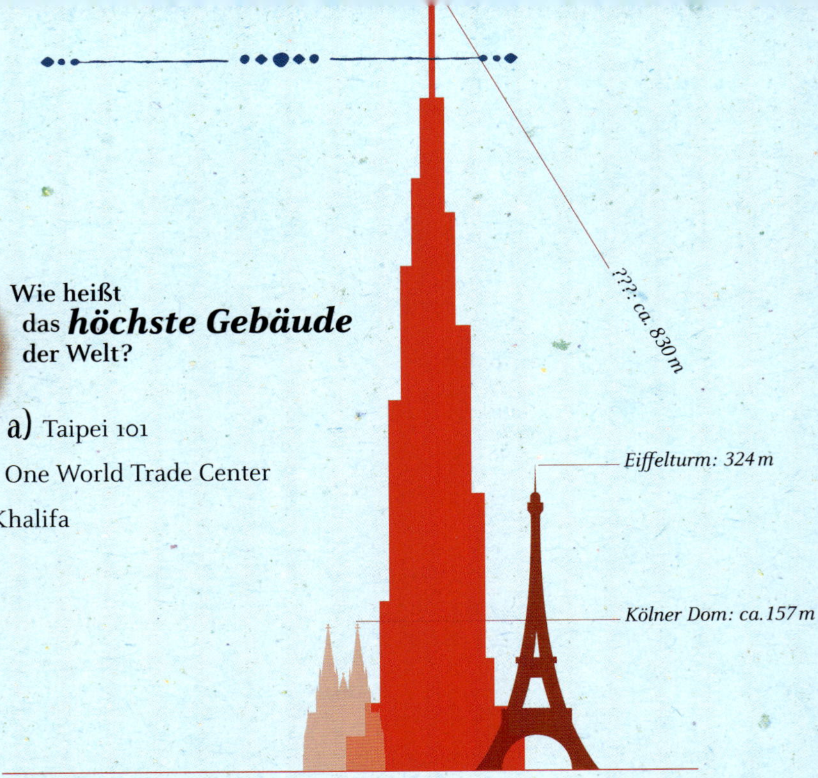

Frage 23
Schon gewusst?

Womit **schöpften** die Pilger des Jakobswegs im Mittelalter oft ihr **Wasser?**

a) Mit einem Blatt
b) Mit einer Muschel
c) Mit ihren Schuhen

Frage 24 – Tomaten auf den Augen?

Was ist das,
wenn es im Ganzen gezeigt wird?

a) Ein Schwarm Fledermäuse
b) Eine Schlangengrube
c) Eine Herde Gnus

Frage 25 – Schon gewusst?

Was bedeutet übersetzt der Name der Wüste *Rub al-Khali* auf der Arabischen Halbinsel?

a) Leeres Viertel
b) Rote Erde
c) Große Weite

Frage 26
Erbe der Welt

Was versteht man unter der sogenannten ***Anreißtechnik*** im Bau?

a) Eine Bearbeitung des Holzes, bevor es als Baumaterial verwendet wird

b) Eine besonders verkantete Art der Grundsteinlegung für erdbebensichere Gebäude

c) Eine Zeichentechnik, um dreidimensional planen zu können

Frage 27
Schon gewusst?

Worum handelt es sich bei der spanischen ***La Lonja de la Seda?***

a) Den historischen Ort des Seidenhandels in Valencia

b) Die älteste Flamencoschule in Sevilla

c) Die umgebaute Containerhalle am Hafen von Cadiz

Frage 28 – Erbe der Welt

Wie heißt eine ***Kampfsportart*** in Brasilien?

a) Kakapo
b) Capoeira
c) Kassiopeia

Frage 29 – Schon gewusst?

In welcher Stadt endet die ***Via Francigena?***

a) Marseille
b) Neapel
c) Rom

Frage 30 – Obskures und Skurriles

Welchen ***Spitznamen*** gaben die Berliner einst ihrer ***Kongresshalle*** an der Spree?

a) Spreeschrippe
b) Schwangere Auster
c) Langer Lulatsch

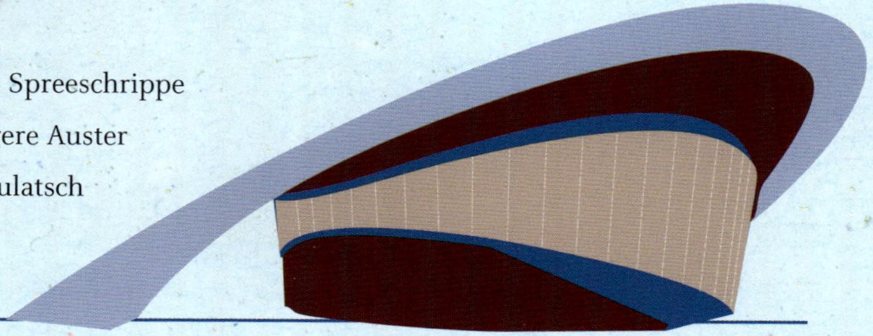

Frage 31 – Schon gewusst?

Wie heißen die Pferde der ***Spanischen Hofreitschule*** in Wien?

a) Hannoveraner
b) Araber
c) Lipizzaner

Frage 32 – Erbe der Welt

Wie heißt der traditionelle Tanz in der ***Dominikanischen Republik?***

a) Merende
b) Merengue
c) Merguez

Frage 33 – Erbe der Welt

Wofür sind die ***Inszenierungen*** der Peking-Oper berühmt?

a) Für das opulente Bühnenbild und wechselnde Kulissen

b) Für das tonlose Spiel ähnlich einem Stummfilm

c) Für die Mimik und die opulent geschminkten Gesichter

Frage 34 – Schon gewusst?

Welches besondere ***Verkehrsmittel*** steht ***in Wuppertal*** zur Verfügung?

a) Zahnradbahn

b) Schwebebahn

c) Seilbahn

Frage 35 – Superlative der Welt

Wie heißt und wo liegt der ***höchste aktive Vulkan*** Europas?

a) Teide auf Teneriffa

b) Ätna auf Sizilien

c) Eyjafjallajökull auf Island

Frage 36 – Schon gewusst?

Die dänische Insel ***Møn***, das englische ***Dover*** und mehrere Gemeinden in der französischen ***Normandie*** haben eine reizvolle Gemeinsamkeit, welche ist das?

a) Sie sind seit 2021 autofrei.

b) Spektakuläre Kreidefelsen

c) Spezialitäten mit Abalonen, schmackhaften Muscheln in mit Perlmutt überzogenen Schalen

Frage 37 – Obskures und Skurriles

Schlafen ***Schnecken?***

a) Ja

b) Nein

c) Die Ruhephasen entsprechen nur einem Starrezustand.

Frage 38 – Tomaten auf den Augen?

Welches ***Wahrzeichen*** der norwegischen Stadt ***Tromsø*** setzt sich aus diesen Bildern zusammen?

....

Frage 39
Schon gewusst?

Welcher Fluss fließt durch die polnische Hauptstadt ***Warschau?***

a) Moldau b) Donau c) Weichsel

Frage 40
Superlative der Welt

Welches Land besitzt weltweit die größte ***Fjordlandschaft?***

a) Grönland

b) Norwegen

c) Kanada

Frage 41
Schon gewusst?

Wie heißt der ***Lago Maggiore*** (wörtlich übersetzt »Größere See«) bei den deutschsprachigen Schweizern im Sprachgebrauch?

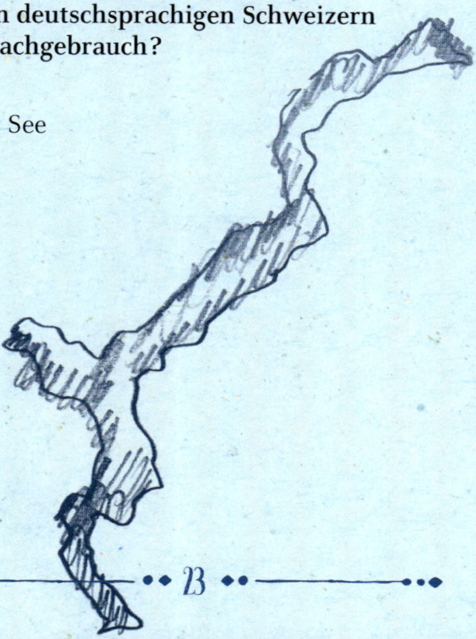

a) Locarner See

b) Langensee

c) Lombardi-See

Frage 42 – Schon gewusst?

Wie heißt der *Bodensee* auf Englisch?

a) Lake Lindau
b) Bottoms Lake
c) Lake Constance

Frage 43 – Tomaten auf den Augen?

Welches *Tier* verbirgt sich hinter diesem Bilderrätsel?

 + 

Frage 44 – Erbe der Welt

***Wie* viele Zacken hat der Strahlenkranz der *Freiheitsstatue* von New York und *was* symbolisiert die Zahl?**

Frage 45 – Schon gewusst?

Wie heißt die Hauptstadt von *Sizilien?*

a) Catania b) Palermo c) Taormina

Frage 46 – Tomaten auf den Augen?

***Wer* oder *was* spritzt hier mit Wasser?**

a) Die Brunnenfigur am römischen Trevibrunnen

b) Ein Schwertwal beim Robbenfang

c) Weiße Pferde in der Camargue

Frage 47 – Schon gewusst?

Ist der *Große Rote Drachenkopf …*

a) … ein Fisch?

b) … ein Reptil?

c) … ein Vogel?

Frage 48 – Obskures und Skurriles

Welches ***Lebensmittel*** dient jährlich Mitte August im Übermaß einem Festival in Spanien?

a) Tomaten

b) Zitronen

c) Erbsen

Frage 49 – Schon gewusst?

Wie heißen in Flandern/Belgien die ***Glockentürme?***

a) Horloge

b) Belfried

c) Cloche

Frage 50 – Warum? Darum!

Warum darf die spannende ***Chauvet-Höhle*** bei Vallon-Pont-d'Arc in Südfrankreich nicht besichtigt werden?

a) Die Einsturzgefahr ist seit jüngster Zeit zu hoch.

b) Es wurden unterirdisch austretende Gase gemessen, die den Sauerstoffgehalt beeinträchtigen.

c) Die Höhlenmalereien und Fundstücke im Inneren sollen vor zerstörerischen Einflüssen geschützt werden.

Frage 51 Schon gewusst?

Wie heißt die ***Hauptstadt*** von Brasilien?

a) Brasília

b) Salvador de Bahia

c) Rio de Janeiro

Frage 52 Schon gewusst?

Von wem stammt das ***Zitat:*** »Glück ist das Einzige, was sich verdoppelt, wenn man es teilt«?

a) Albert Schweitzer

b) Johann Wolfgang von Goethe

c) Albert Einstein

Frage 53 Schon gewusst?

Was haben der indische ***Ramappa-Tempel,*** die ***Fresken*** im italienischen ***Padua*** und die ***transiranische Eisenbahn*** gemeinsam?

a) Ein italienisches Künstlerduo hat bei allen dreien mitgewirkt.

b) Dasselbe Ernennungsjahr zum Weltkulturerbe

c) Die gleiche Bauzeit

Frage 54 – Schon gewusst?

Wie heißt die ***Hauptstadt*** von Mecklenburg-Vorpommern?

a) Rostock b) Wismar c) Schwerin

Frage 55 – Wo liegt das?

In welcher Reihenfolge von West nach Ost liegen diese ***US-Bundesstaaten?***

Tennessee

Wyoming

Oklahoma

Frage 56 – Erbe der Welt

Warum schreibt sich der berühmte Wasserfall mal ***Iguazú*** und mal ***Iguaçu?***

Frage 57 – Wo liegt das?

In welchem Land liegt die Stadt ***Samarkand?***

a) Usbekistan
b) Kasachstan
c) Iran

Frage 58 – Tomaten auf den Augen?

Was ist das für ein ***Vogel?***

a) Bienenfresser
b) Wiedehopf
c) Haubenlerche

Frage 59 – Wo liegt das?

Santander ist ...

a) ... eine Stadt
b) ... eine Insel
c) ... eine Landzunge

und wo liegt sie?

Frage 60 Wo liegt das?

Italien wird heute in **20 Regionen** untergliedert, welche drei sind hier markiert?

a) – 1) Umbrien 2) Emilia-Romagna 3) Abruzzen
b) – 1) Toskana 2) Apulien 3) Kampanien
c) – 1) Abruzzen 2) Apulien 3) Kalabrien

Frage 61 Tomaten auf den Augen?

Welches ***italienische Städtchen*** ist hier zu sehen?

a) Siena
b) Assisi
c) San Gimignano

Frage 62 Obskures und Skurriles

Die bulgarische Hauptstadt Sofia ist ein ***Geheimtipp*** für …?

a) Skateboarder
b) Street-Art-Liebhaber
c) Vinylplattensammler

Frage 63 Schon gewusst?

Die ***Kanarischen Inseln*** bestehen aus sieben Hauptinseln. Gran Canaria, Lanzarote, Fuerteventura, Teneriffa und La Gomera sind die bekanntesten. Welche ***zwei fehlen?***

a) Corvo und Flores

b) Santa Cruz und Maspalomas

c) El Hierro und La Palma

Frage 64 Wo liegt das?

Wo auf der Welt liegt das exotisch klingende Fischerdorf ***Marsaxlokk?***

a) Finnland

b) Marokko

c) Malta

Frage 65 – Obskures und Skurriles

Welche *Überraschung* erlebte ein Unternehmer beim Umbau eines Privathauses im andalusischen *Úbeda?*

a) In den Wänden waren alte Geldscheine und Schmuck eingemauert.

b) Auf dem Dachboden brüteten Schlangenadler und Uhus.

c) Das ganze Gebäude war früher eine Synagoge.

Frage 66 – Schon gewusst?

Aus welcher italienischen Stadt stammen die berühmten Schokopralinen *»Baci«?*

a) Pescara

b) Pesaro

c) Perugia

Frage 67 – Obskures und Skurriles

Die Kathedrale Saint-Jean in Lyon birgt im Inneren einen *weltlichen Schatz,* welchen?

a) Astronomische Uhr

b) Funktionierendes Grammophon

c) Originalkrone von Ludwig XVI.

Frage 68 – Tomaten auf den Augen?

Was ist das?

a) Vulkangestein

b) Pilze

c) Fossile Früchte

Frage 69 – Wo liegt das?

In welchem Land befindet sich die Region der *Walachei?*

a) Rumänien

b) Bulgarien

c) Mongolei

Frage 70 – Wo liegt das?

Welche **französische Stadt** hat so hübsche Metrostationen?

a) Paris

b) Lyon

c) Marseille

Frage 71 – Obskures und Skurriles

Welche Besonderheit ist mit dem italienischen Wasserfall **Cascata delle Marmore** verknüpft?

a) Das herabstürzende Wasser wäscht den darunterliegenden Marmor vor dem Abbau rein.

b) Das Wasser wird aus Thermen gespeist und beträgt rund 30 °C.

c) Der Wasserfall ist künstlich angelegt.

Frage 72
Schon gewusst?

Was ist ein ***Vlaai?***

a) Finnischer Kurzski
b) Südafrikanische Grillspezialität
c) Niederländisches Gebäck

Frage 73
Wo liegt das?

Wo liegt dieser moderne ***Straßenzug?***

a) Barcelona
b) Düsseldorf
c) Berlin

Frage 74
Tomaten auf den Augen?

Welche ***Sehenswürdigkeit*** ist hier zu sehen?

Frage 75 – Obskures und Skurriles

Auf ***Big Major Cay,*** einer Insel der Bahamas, gibt es eine ungewöhnliche Besucherattraktion. Welche?

a) Tauchende Affen

b) Schwimmende Schweine

c) Sprechende Papageien

Frage 76 – Schon gewusst?

Die niederländische Stadt ***Delft*** ist nicht nur für ihre Blaue Keramik bekannt, sie hat auch einen berühmten ***Sohn*** – wie heißt er?

a) Hermann van Veen

b) Jan Vermeer

c) Johannes Heesters

Frage 77 – Schon gewusst?

Wie heißt die Hauptstadt von ***Malta?***

a) Victoria

b) Valletta

c) Mdina

Frage 78 Wo liegt das?

Wo liegt **dieser Straßenzug?**

a) Nizza
b) Lissabon
c) Madrid

Frage 79 Schon gewusst?

Wie heißt die zentrale *Erhebung* im polnischen *Krakau?*

a) Weichsel
b) Wawel
c) Paweł

Frage 80 Obskures und Skurriles

Mit welchem Trick soll einst der Baumeister der *Münchner Frauenkirche* mit dem *Teufel* einen erfolgreichen Pakt geschlossen haben?

a) Er versprach dem Teufel eine eigene Bank.
b) Er versprach dem Teufel, keine Heiligenfiguren zu verwenden.
c) Er versprach dem Teufel, die ganze Kirche fensterlos zu gestalten.

Frage 81 – Schon gewusst?

Was sind ***Martinshörnchen?***

a) Kleine Trompeten

b) Süße Gebäckstücke

c) Eichhörnchen in Frankreich

Frage 82 – Wo liegt das?

Die französische Stadt *Lyon* liegt an der Mündung zweier Flüsse, welcher?

a) Garonne und Loire

b) Saône und Rhône

c) Seine und Lot

Frage 83 – Schon gewusst?

Die dalmatinische Hafenstadt Zadar lockt mit zwei *außergewöhnlichen Kunstprojekten.* Welchen?

a) Zwei großen Hundeskulpturen von Dalmatinern an der Hafeneinfahrt

b) Zwei riesigen Webcams im Zentrum, die abwechselnd von den kroatischen Inseln und ihren Bewohnern Livebilder übertragen

c) Zwei experimentellen Installationen zu Klang und Licht

Frage 84 – Schon gewusst?

Die im Volksmund bekannte **»Butterblume«** heißt in der Botanik eigentlich …

a) Hahnenklee
b) Hahnenfuß
c) Narzisse

Frage 85 – Schon gewusst?

Im andalusischen Örtchen ***Júzcar*** sind bis heute die Spuren eines 2011 dort gedrehten Films sichtbar, nämlich von …?

a) Asterix und Obelix
b) Den Schlümpfen
c) Schneewittchen und den sieben Zwergen

Frage 86 – Erbe der Welt

In der indischen Hauptstadt des Staates ***Rajasthan*** herrscht eine ***Farbe*** vor, welche?

a) Gelb b) Gold c) Rosa

Frage **87** Schon gewusst?

Welche Gemeinsamkeit haben ***Jamaika, Sri Lanka*** und ***Fidschi*** – außer dass sie Inselstaaten sind?

Frage **88** Wo liegt das?

Welche Stadt vereint so markant Tradition und Zukunft?

a) Zürich

b) Lugano

c) Linz

Frage **89** Obskures und Skurriles

Vor der Kanareninsel ***La Gomera*** gibt es ein Naturschauspiel zu entdecken, welches?

a) Schwarz-weiß gestreifte Strandabschnitte, genannt El Piano

b) Ein säulenartiges Felsmassiv, genannt Los Organos

c) Rillenförmige Wasserspiele, genannt La Guitarra

Frage 90 – Wo liegt das?

Was ist *Inishowen*, und wo liegt es?

a) Eine Kleinstadt in Iowa, USA

b) Ein Inuit-Dorf in Grönland

c) Eine Halbinsel von Irland

Frage 91 – Schon gewusst?

Was sind *Kolibas?*

a) Aufblasbare Boote in Polen

b) Almhütten in der Slowakei

c) Landwirtschaftliche Kollektive in Russland

Frage 92 – Obskures und Skurriles

Was ist das sogenannte *Görliwood?*

a) Die Wortfusion aus dem sächsischen Stadtnamen Görlitz und Hollywood

b) Ein Freizeitpark in Dresden ausschließlich für »Girls«

c) Das Waldgebiet nahe der türkischen Ortschaft Göreme

Frage 13 Schon gewusst?

Wo liegt das schmucke Städtchen ***Kotor?***

a) Albanien
b) Montenegro
c) Bulgarien

Frage 14 Wo liegt das?

Wo **steht diese Mauer?**

a) Wien
b) Barcelona
c) Sevilla

Frage **95** Schon gewusst?

Welche Gemeinsamkeit besitzen die serbische Stadt ***Novi Sad,*** die litauische Stadt ***Kaunas*** und das luxemburgische ***Esch*** an der Alzette?

Tipp:
Das Jahr 2022 spielt dabei eine Rolle.

Frage **96** Erbe der Welt

Die griechischen ***Meteóra-Klöster*** sind nach ihrer Lage benannt, welche ist das?

a) In luftigen Höhen (metéoros = in der Luft schweben)

b) In tiefen Schluchten (Meteór = Einschlag in der Erde)

c) Im Kreis nach dem Sonnenstand ausgerichtet (metréo = Messen und Ora = Stunde)

Frage 97 – Wo liegt das?

Wo liegen die ***Moonsund-Inseln?***

a) Kanada
b) Ozeanien
c) Estland

Frage 98 – Wo liegt das?

In welchem Land liegt diese ***hübsche Kurpromenade?***

a) England
b) Schweden
c) Polen

Frage 99 – Tomaten auf den Augen?

Zu welchem Tier gehört dieser ***Schnabel?***

Frage 100 Schon gewusst?

Wie heißt die Hauptstadt von *Korsika?*

a) Bastia

b) Bonifacio

c) Ajaccio

Frage 101 Schon gewusst?

Welche *Schlange* hat welchen Namen?

Leopardnatter, Hornotter, Äskulapnatter

a) ______________________________

b) ______________________________

c) ______________________________

Frage 102 Warum? Darum!

Warum heißt der letzte Tag des Jahres *Silvester?*

a) Ein Papst hieß so.

b) Ein Kaiser hieß so.

c) Ableitung von silvestere (lateinisch für »beenden«)

Frage 103 Warum? Darum!

Warum heißt in Großbritannien der 2. Weihnachtsfeiertag *Boxing Day?*

a) Der Andrang beim Umtausch der Geschenke am verkaufsoffenen Feiertag gleicht immer einem Boxkampf.

b) König Richard Löwenherz erließ 1194 einem Dieb den Galgen nach einem erfolgreichen Boxkampf gegen den Henker.

c) An diesem Tag wurden einst den Bediensteten Geschenkschachteln in Boxen überreicht.

Frage 104 Warum? Darum!

Warum feiert Lyon jedes Jahr im Dezember die *Fête des Lumières?*

a) Um die Wintersonnwende und den Beginn der helleren Tage zu markieren

b) Zur Würdigung des Lichts nach einem folgenschweren Stromausfall 1907

c) Zur Danksagung für Gesundheit nach seuchengeplagten Zeiten

Frage 105 Schon gewusst?

Welche besonderen *Körpermerkmale* weisen Moschusochsen auf?

a) Sie stoßen im Frühling ihre Hörner ab, um stärker nachwachsendes Horn zu entwickeln.

b) Die Tiere haben auf der Haut keine Talgdrüsen.

c) Das Fell der Tiere besteht aus mehreren verschiedenen Haarsorten.

Frage 106 – Wo liegt das?

Welches Land besitzt den **_südlichsten Ort_** des europäischen Festlands?

a) Italien

b) Griechenland

c) Spanien

Frage 107 – Erbe der Welt

Welche berühmte **_Gartenanlage_** in Italien geht auf die Familie der Medici zurück?

a) Villa d'Este in Tivoli bei Rom

b) Boboli-Garten hinter dem Palazzo Pitti in Florenz

c) Der Sacro Bosco (»Heiliger Wald«) in Bomarzo

Frage 108 Schon gewusst?

Wie heißt im Judentum das Fest, bei dem die *Mündigkeit* (in religiöser Hinsicht) gefeiert wird?

a) Chanukka

b) Sukkot

c) Bar/Bat Mizwa

Frage 109 Warum? Darum!

Warum laufen *Eichhörnchen* meistens in Spiralform die Bäume empor?

a) Sie kommen wie Bergsteiger in der Schräge sicherer hoch.

b) Sie folgen einem Spieltrieb.

c) Sie lenken damit ihre Feinde ab.

Frage 110 – Schon gewusst?

Wie heißt der besonders bei ***Wildwasserfreunden*** beliebte Fluss in Slowenien?

a) Šowa

b) Stoča

c) Soča

Frage 111 – Wo liegt das?

Wo liegt die Hauptstadt, die ins Deutsche übersetzt ***»Rauchbucht«*** heißt?

a) In der Demokratischen Republik Kongo

b) Auf der Insel La Réunion

c) Auf der Insel Island

Frage 112 – Warum? Darum!

Warum werden auf Island ***Bauprojekte*** immer wieder auf unbestimmte Zeit verschoben?

a) Fehlende Fachkräfte und zu kurz berechnete Arbeitszeitverträge

b) Die Bauarbeiter stoßen unter der Erde auf heiße Quellen.

c) Der Ort gilt als geschütztes Territorium für Elfen.

Frage 113 Schon gewusst?

Welchen berühmten **Sohn** hat die spanische Stadt Málaga?

a) Pedro Almodovar
b) Pablo Picasso
c) José Carreras

Frage 114 Schon gewusst?

In Schweden wird jedes Jahr knapp zwei Monate lang **gefeiert,** wie heißt der Anlass?

a) Midsommar
b) Santa Lucia
c) Weiße Nächte

Frage 115 Schon gewusst?

Wie heißt die **Hauptstadt** von Litauen?

a) Klaipėda
b) Kaunas
c) Vilnius

Frage 116 Wo liegt das?

Wo steht dieser ***Skyscraper?***

a) Dubai

b) Düsseldorf

c) Bochum

Frage 117 Superlative der Welt

Vänern, Saimaa **und** ***Peipus*** **stehen für jeweils einen Superlativ in ihrem Land. Welchen?**

a) Größte Seen in ihrem jeweiligen Land

b) Größte Waldgebiete in den jeweiligen skandinavischen Ländern

c) Größte Seen in den jeweiligen Baltikumländern

Frage 118 Schon gewusst?

Die zu Australien gehörende ***Weihnachtsinsel*** **im Indischen Ozean hat eine eigene** ***Hauptstadt,*** **wie heißt sie?**

a) Living Down Under

b) Meeting Santa Claus

c) Flying Fish Cove

Frage 119 Schon gewusst?

Zu welchem Land gehört *diese Flagge?*

a) Ungarn

b) Italien

c) Tadschikistan

Frage 120 Wo liegt das?

Wie heißt die Hauptstadt von *Vietnam?*

a) Hanoi

b) Ho-Chi-Minh-Stadt

c) Ha Long

Frage 121 Schon gewusst?

Welches Lieblingsmotiv hatte der französische Maler *Claude Monet?*

a) Sonnenblumen

b) Seerosen

c) Schwertlilien

Frage 122 – Erbe der Welt

In welchem Land liegt die ***Plitvicer Seenplatte?***

a) Bosnien und Herzegowina

b) Kroatien

c) Montenegro

Frage 123 – Obskures und Skurriles

Am Eingangstor eines englischen ***Botanischen Gartens*** hängt ein ungewöhnliches Schild, was für eines?

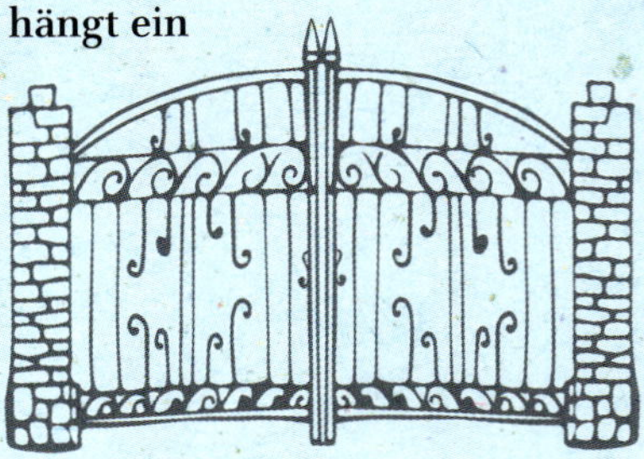

a) Rauchen ist erlaubt.

b) Kinder und Kranke willkommen

c) Diese Pflanzen können töten.

Frage 124 – Tomaten auf den Augen?

Welche ***Krebstierart*** verbirgt sich hinter den beiden Bildern?

+

Frage 125 – Schon gewusst?

Die Griechen ranken ihre Mythen um den ***Olymp,*** die Japaner um den heiligen Berg ***Fuji.*** Wie heißt das ***Pendant der Kroaten?***

a) Beleva

b) Velebit

c) Dinara

Frage 126 – Schon gewusst?

Welcher Vergleich hilft, die Zusammensetzung von ***Wäldern*** zu analysieren? Der Vergleich mit ...

a) ... einem Haus

b) ... einem Berg

c) ... den sieben Kontinenten

Frage 127 – Erbe der Welt

In welcher UNESCO-Welterbestätte sind noch heute ***Spuren von Dinosauriern*** zu finden?

a) Im Waldgebiet Białowieżą in Polen und Weißrussland

b) Im Jagdrevier Aasivissuit-Nipisat in Grönland

c) An der Küste von Dorset und Ost-Devon in England

Frage 128 – Schon gewusst?

In Tropfsteinhöhlen gibt es *Stalaktiten* und *Stalagmiten*. Worin unterscheiden sie sich?

a) In der unterschiedlichen Zusammensetzung der Mineralien.

b) Ob sie von oben oder von unten wachsen.

c) In Formen und Farben

Frage 129 – Schon gewusst?

Was besagt das *Jedermannsrecht*, das vor allem in Finnland, Schweden und Norwegen gilt?

a) Alkohol darf unverzollt und unbegrenzt ins Land eingeführt werden.

b) Der Zugang zur Natur ist für alle ein unverbrieftes Gewohnheitsrecht.

c) Getreide und Früchte auf nicht eingezäunten Feldern sind für alle frei zugänglich.

Frage 130 – Obskures und Skurriles

Was versteht man in der Sächsischen Schweiz unter sogenanntem *Boofen?*

a) Wasserwanderungen über rund geschliffene Flussfelsen

b) An Ziplines eingehakt über Schluchten sausen

c) Im Freien unter Felsenklippen übernachten

Balkonurlauberinnen
und
Balkonurlauber

Lösungen

1

Lösung: c)

Wenig schmeichelhaft nennen die Einheimischen die Eibenblättrige Nusseibe Stinking Yew (Stinkeibe) oder Stinking Cedar (Stinkzeder), da das Harz einen stechenden Geruch verbreitet.

2

Lösung: c)

Etwa 150 Kilometer südlich von Niamey befindet sich im Grenzgebiet der drei Länder Niger, Burkina Faso und Benin der Eingang zum mehr als 10 000 Quadratkilometer großen Nationalpark. Das große länderübergreifende Naturreservat Westafrikas, in dem die typische Fauna der Savanne heimisch ist, verdankt seinen Namen dem Verlauf des Niger an seiner Nordgrenze, der die Form eines »W« bildet.

3

Lösung: a)

4

Lösung:

Fußbodenheizungen sind für die Menschen auf Island kein Luxus, sondern Alltag. Der unruhige Untergrund mit seiner großen vulkanischen Energie macht es möglich, dass die Menschen dort auch im strengen nordischen Winter keinen Mangel an heißem Wasser haben. Diese Erdwärme ist einer der bedeutendsten Schätze der Insel und so üppig vorhanden, dass geothermische Wärme nicht nur für die Heizungen in den Wohnhäusern und zur Stromerzeugung genutzt wird, sondern auch dazu, mittels unterirdisch verlaufender Rohre die Bürgersteige schneefrei zu halten.

5

Lösung: b)

Der Große Tempel in Abu Simbel war den Göttern Amun-Re, Re-Harachte, Ptah sowie Ramses vergöttlichtem Selbst geweiht. Am Eingang thronen vier 20 Meter hohe Kolossalfiguren, die sitzend über das Heiligtum wachen und diese Füße zeigen. Im Inneren befinden sich die vier Gottheiten noch einmal in Gestalt von Statuen.

6

Lösung: a)

Mammoth Cave in Kentucky, USA, gilt als das am weitesten verzweigte Höhlensystem der Welt und misst nach jüngsten Entdeckungen nicht nur die legendären 663, sondern aktuell 675 Kilometer Länge, eventuell kommen noch weitere unentdeckte Gänge mit der Zeit dazu.

PS: Die Höhle Son Doong in Vietnam ist zwar nur 8,9 Kilometer lang, gilt aber in puncto Tiefe (490 Meter) und Höhe (200 Meter) heute als größte Höhle der Welt.

7

Lösung: c)
Im Frühjahr 1953 versuchten mehrere Gruppen einer britischen Expedition, den Gipfel des höchsten Bergs der Erde, den »Thron der Welt«, zu erklimmen. Der neuseeländische Imker und Bergsteiger Edmund Hillary und sein nepalesischer Sherpa Tenzing Norgay erreichten am 29. Mai als erstes Zweierteam den Gipfel des Mount Everest.

PS: Nach der Erstbesteigung 1953 durch Edmund Hillary und Tenzing Norgay bezwangen Reinhold Messner und Peter Habeler den Gipfel im Jahr 1978 erstmals ohne zusätzlichen Sauerstoff. Der italienische Bergsteiger Achille Compagnoni war hingegen als Erster auf dem Gipfel des K2.

10

Lösung: a)
Ahorne sind die am weitesten verbreitete Laubbaumgattung der sommergrünen Wälder der Erde. Die etwa 150 Arten der Gattung Ahorn sind in ganz Europa, in Nordamerika sowie in Ostasien heimisch, vor allem in den Mittelgebirgen. Eine der größten Ahornarten ist der Bergahorn, der bis zu 30 Meter hoch wachsen kann. Daneben gibt es zum Beispiel in Europa noch Blut-, Spitz- und Feldahorn.

8

Lösung: b)
Die Transsibirische Eisenbahn, kurz Transsib, ist die längste durchgehende Bahnstrecke der Welt – sie misst exakt 9288,2 Kilometer. Sie verbindet das europäische Moskau mit dem asiatischen Wladiwostok. Bei der fast sieben Tage dauernden Fahrt von Moskau in Richtung Osten bis zum Pazifik werden auch sieben Zeitzonen durchfahren. Der legendäre Orient-Express von Aschgabat bis Almaty liegt mit 3459 Kilometern weltweit »nur« auf Platz 8, der australische Reisezug The Ghan mit 2979 Kilometern belegt Platz 9.

9

Lösung: c)
Das Parsons Chamäleon kann bis zu 60 Zentimeter lang werden und gehört zu den größten Exemplaren seiner Art. Es jagt auf Bäumen nach Insekten, aber auch nach kleinen Vögeln oder Säugetieren. Es verfügt über einen kräftigen Kopf mit einem stark ausgebildeten »Helm«. Das Männchen hat darüber hinaus zwei schaufelförmige, beschuppte Hornfortsätze an der Spitze der Schnauze. Die männlichen Parsons Chamäleons sind meist türkisblau, die Weibchen eher grünlich.

11 Lösung: c)

Die am weitesten im Norden beheimatete Affenart der Welt ist der 45 bis 75 Zentimeter große Rotgesichtsmakak. Er wird auch Japanmakak genannt, da sich sein Verbreitungsgebiet auf Japan und dort auf die Inseln Honshu, Shikoku und Kyushu beschränkt. Die in sozial strukturierten Gruppen lebenden Affen sind für ihre ausgiebigen Sitzbäder in heißen Thermalquellen berühmt, mit denen sie im Winter ihre Körpertemperatur regulieren.

12 Lösung: c)

Die vulkanischen Inseln des Galapagos-Archipels stellen aufgrund ihrer isolierten Lage ein einzigartiges lebendiges Schaubild der Evolution dar. Es gibt zwölf große und über hundert kleinere vulkanische Inseln. Die ältesten ganz im Osten entstanden vor 2,4 bis drei Millionen Jahren. Der Naturforscher Charles Darwin verhalf den Inseln mit seinem Besuch 1835 zu weltweitem Ruhm. Die Beobachtung nahezu gleicher Finkenarten, die auf unterschiedlichen Inseln lebten und dabei ihrer Umgebung entsprechend abweichende Schnabelformen entwickelten, verschaffte ihm wichtige Erkenntnisse für die Entwicklung der Evolutionstheorie.

13 Lösung: a)

Insgesamt misst der berühmte Triumphbogen knapp 50 Meter Höhe, der große Gewölbebogen in der Mitte ist zwar »nur« 29,19 Meter hoch und 14,62 Meter breit, übertrumpft dabei aber dennoch den bekanntesten Steinbogen im amerikanischen Arches National Park. Der Delicate Arch erreicht eine Höhe von ungefähr 20 Metern.

14 Lösung: c)

Der überwiegend in den Monsunwäldern der Indochinesischen Halbinsel lebende Doppelhornvogel gehört zu der Gruppe der Nashornvögel. Sie alle sind von einem extrem ausgeformten Schnabel geprägt, der aber aus leichtem Horn besteht.

15

Lösung: c)
Laut »Guinnessbuch der Rekorde« befindet sich die engste Straße der Welt in Reutlingen (Baden-Württemberg). Die Spreuerhofstraße misst dort an der breitesten Stelle 40 Zentimeter, an der engsten 31 Zentimeter.

16

Lösung:
1. Asien (44,4 Mio. km²)
2. Afrika (30,3 Mio. km²)
3. Nordamerika (24,9 Mio. km²)
4. Südamerika (17,8 Mio. km²)
5. Antarktika (13,2 Mio km²)
6. Europa (10,5 Mio. km²)
7. Australien/Ozeanien (8,5 Mio. km²)

17

Lösung:
1. Grönland, Dänemark (2 166 086 km²)
2. Neuguinea, Indonesien/ Papua Neuguinea (785 753 km²)
3. Borneo, Indonesien/Malaysia/ Brunei (748 168 km²)

18

Lösung: b)
Vor rund 50 Millionen Jahren vermochten Pinguine noch zu fliegen. Ihre Nahrung müssen sie jedoch im Wasser suchen, und so entwickelten sich aus den Flügeln mit der Zeit Flossen, die sie für ihre Lebensart besser gebrauchen konnten.
PS: Emus können auch schwimmen, aber in erster Linie sind sie Laufvögel.

19

Lösung: b) und c)
Charles Darwins überragende Leistung war die Entwicklung der modernen Evolutionstheorie. Sie erklärt, dass die Vielfalt der Arten aus der Vielfalt der natürlichen Lebensbedingungen auf der Erde resultiert und die Anpassung an diese Lebensbedingungen Überleben und Fortpflanzung einer Art garantiert. Mit anderen Worten: Wer nicht in der Lage ist, sich anzupassen, muss aussterben.

20

Lösung: a)
Oft hat man schon gehört, dass Kamele in ihren Höckern Wasser speichern können und sie so in der trockenen Wüste überleben können. Allerdings ist das nicht ganz korrekt. Genau genommen speichern sie nämlich Fett in ihren Höckern. Somit können sie tagelang ohne Nahrungsaufnahme durch die Wüste laufen und daraus zehren, auch durch Umwandlung in Wasser. Zudem sind die Fettschichten ein guter Sonnenschutz, da Fett Wärme schlecht leitet. Hängen die Höcker schlaff zur Seite, wird es Zeit, neue Reserven aufzufüllen.

21

Lösung: c)

Insekten wie Fliegen, Pferdebremsen oder Libellen haben sogenannte Facettenaugen. Das sind Augen, die sich aus vielen kleinen Einzelaugen zusammensetzen, die gleichsam in Form einer extrem verkleinerten Bienenwabe ein Auge bilden. Das Facettenauge ist vor allem hilfreich beim Fliegen, dann ist es dem menschlichen Auge überlegen, denn es kann in fünfmal schnellerer zeitlicher Abfolge die Bilder verarbeiten als das menschliche Auge.

22

Lösung: c)

Burj Khalifa in Dubai ist bereits seit April 2008, also schon knapp zwei Jahre vor seiner Fertigstellung, das höchste Bauwerk der Welt und auch das höchste, das zu Wohnzwecken genutzt wird. Die Höhe bis zur obersten Spitze beträgt knapp 830 Meter.

PS: Die Stadt Dubai arbeitet bereits an der neuen Superlative, dem Dubai Creek Tower, der Burj Khalifa um mindestens 200 Meter überragen soll.

23

Lösung: b)

Die Muschel ist noch heute das Pilgerzeichen des Jakobswegs, die meisten Wegweiser werden durch gezeichnete Muscheln – gelb auf blauem Grund – dargestellt. Nach einer Legende rettete der Apostel Jakobus nach seinem Tod auf wundersame Weise einen Ritter aus dem Wasser, der dann über und über mit Jakobsmuscheln bedeckt war.

24

Lösung: c)

Eine Gnuherde durchquert den Mara, den einzigen ganzjährig wasserführenden Fluss im Serengeti-Wildreservat, der vielen Tieren das Überleben sichert. Gnus, die zur Gruppe der Kuhantilopen gehören, ernähren sich von frischem, kurzem Steppengras und müssen viel trinken. Zweimal jährlich ziehen sie auf der Suche nach Wasser und neuen Weidegründen in Herden von Zehntausenden durch die Savanne.

25

Lösung: a)

Hauptsächlich besteht die Rub al-Khali, wörtlich »Leeres Viertel«, aus Sanddünen – sie machen insgesamt über 500 000 Quadratkilometer aus. Die Temperaturen in dieser Wendekreiswüste (in solchen Wüsten lösen Hochdruckgebiete die Wolken auf, sodass es keinen Niederschlag gibt) schwanken extrem und können von 0 °C in der Nacht bis zu 60 °C am Tag reichen. Trotz dieser Bedingungen existieren in der Wüste Spinnen, Nagetiere und einige wenige Pflanzen, sie ist als nur auf den ersten Blick »leer«.

26

Lösung: c)

Bevor ein Zimmerer mit dem Zuschneiden des Holzes beginnt, muss er eine Vorzeichnung von dem herzustellenden Objekt anfertigen. CAD-Programme helfen heutzutage dabei. Nur in Frankreich hat sich die »Tradition de tracé« erhalten. Die Zimmerleute des Landes haben es darin zu wahrer Meisterschaft gebracht. Seit dem 13. Jahrhundert haben sie eine ganze Reihe von Zeichentechniken entwickelt, die es erlauben, die drei Dimensionen einer komplexen Holzkonstruktion wie beispielsweise ein Fachwerk exakt auf Papier, Pergament oder auf dem Reißboden vorzuzeichnen und dabei das Volumen des gesamten Gebäudes im Auge zu behalten.

27

Lösung: a)

Die Seidenbörse in der Hafenstadt Valencia, ein beeindruckendes historisches Gebäude, versinnbildlicht den enormen Reichtum dieses mittelalterlichen Handelszentrums und ist bis heute schön anzusehen.

29

Lösung: c)

Die Via Francigena (auch Frankenstraße oder Frankenweg genannt) fasst die Fernstraßen zusammen, die Pilger auf ihrer Reise von Franken nach Rom nutzten, wenn sie die Grabstätte der Apostel Petrus und Paulus besuchen wollten. Der Name des Wegs tauchte nachweislich erstmalig im Jahr 876 auf.

30

Lösung: b)

Die innovative Erscheinungsform mit der bogenförmig aufgezogenen Dachfassade entstand durch den amerikanischen Architekten Hugh Stubbins und wurde 1957 als Zeichen der deutsch-amerikanischen Freundschaft initiiert.

PS: Der Lange Lulatsch befindet sich auch in Berlin, gemeint ist aber der Funkturm.

28

Lösung: b)

Schon längst ist Capoeira auf der ganzen Welt bekannt und wird in Turn- und Sportvereinen angeboten. Das Ursprungsgefühl erlebt man dennoch am besten in Brasilien. Mehr als ein Kampfsport ist Capoeira eine soziale und kulturelle Praxis, in der Kampf, Tanz und Musik sich miteinander verbinden. Während beim Judo die Kämpfer einander zu bezwingen versuchen, besteht die Kunst eines Capoeirista darin, dem Gegner durch schnelle und geschmeidige Bewegungen, durch akrobatische Sprünge und elegante Tänze auszuweichen. Seit 2014 gehört es zum Immateriellen Kulturerbe der UNESCO.

PS: Der Kakapo ist eine Papageienart in Neuseeland, die für ihre neugierigen und einfallsreichen Verhaltensweisen bekannt ist. Sie gilt aktuell leider in ihrem Bestand als akut bedroht.

31

Lösung: c)

Die so grazilen wie gelehrigen Vierbeiner sind nach dem unweit von Triest im heutigen Slowenien gelegenen Ort Lipica benannt, wo bis 1918 das K.-u.-k.-Hofgestüt beheimatet war. An der Spanischen Hofreitschule wird seit mehr als 430 Jahren die Hohe Schule der klassischen Reitkunst gelehrt. Zu Hause sind die edlen Lipizzanerhengste – Nachkommen jener spanischen Pferderasse, die im 16. Jahrhundert als besonders edel, feurig und gelehrig galt – in der Stallburg.

32

Lösung: b)

In der Dominikanischen Republik sind die Merengue-Musik und der dazugehörige Tanz ein Kulturgut, das Menschen aller Schichten vereint. Seit 2016 gehört der Tanz zum Imateriellen Erbe der UNESCO.

PS: Merende ist eine Zwischenmahlzeit oder ein zweites Frühstück, das vor allem in Südtirol so genannt wird. Merguez dagegen ist eine scharfe Grillwurst aus Rinder- und Lammhack.

33

Lösung: c)

»Der Charakter steht ihm ins Gesicht geschrieben.« In der Peking-Oper ist das keine leere Floskel, erkennt man doch anhand der Gesichtsbemalung das Wesen der Figur. Protagonisten mit edlem Charakter sind meist eher natürlich geschminkt, dagegen verschwinden die Gesichter der Bösewichte hinter einer bizarren Maske. Die Kunst der Gesichtsbemalung hat im chinesischen Theater eine lange Tradition. Seit 2010 steht die Peking-Oper unter dem Schutz der UNESCO.

34

Lösung: b)

In Wuppertal wurde ein Verkehrsmittel zur Ikone: die Wuppertaler Schwebebahn – Zeugnis frühester Ingenieurskunst und Vorbild für viele andere Städte zur Verkehrsentschleunigung auf den Straßen.

35

Lösung: b)

Der Ätna auf Sizilien ist mit 3323 Metern der höchste aktive Vulkan auf dem europäischen Kontinent und einer der aktivsten Schichtvulkane der Erde. Er entstand vor rund 600 000 Jahren an einer weit ins Land reichenden Meeresbucht. Sein Zentralkegel ist 300 Meter hoch, daneben existieren vier Gipfelkrater sowie mehr als 300 Nebenkrater. Der Gebirgsstock des Ätna nimmt eine gewaltige Fläche ein (rund 1250 Quadratkilometer), sein Umfang beträgt etwa 250 Kilometer.

PS: Der spanische Teide ist mit 3718 Metern zwar höher, aber die letzte Eruption wurde 1909 aufgezeichnet. Der noch aktive Eyjafjallajökull wiederum misst nur 1666 Meter Höhe.

36

Lösung: b)

Was meist nur mit der Insel Rügen in Verbindung gebracht wird, existiert in schönsten Ausführungen auch in der Küstenstadt Dover (links), an der Alabasterküste der Normandie (Mitte) und in Dänemark als die Møns Klint (rechts) genannten Kreidefelsen.

38

Lösung:

Die Eismeerkathedrale wurde 1965 errichtet und gilt als Wahrzeichen der norwegischen Stadt Tromsø errichtet. Zwar ist sie nur eine Pfarr- und Seemannskirche, mit ihrer imposanten Erscheinung macht sie ihrem Namen jedoch alle Ehre. Die außergewöhnliche Form erinnert an aufgeschichtete, spitz zulaufende Eisplatten. Besonders stimmungsvoll sind die hier regelmäßig stattfindenden Mitternachtskonzerte.

41

Lösung: b)

Langensee

42

Lösung: c)

Lake Constance

43

Lösung:

Papageitaucher

37

Lösung: a)

Die Schlafgewohnheiten von Schnecken sind wirklich einzigartig und faszinierend. Im Gegensatz zu Menschen und vielen anderen Tieren sind sie weder tag- noch nachtaktiv. Sie können einfach schlafen, wann immer sie wollen. In der Regel schlafen sie zwischen 13 und 15 Stunden lang immer wieder, dann können sie bis zu 30 Stunden voller Energie verbringen. Interessanterweise sind ihre Schlafgewohnheiten vom Wetter abhängig. Da sie Feuchtigkeit zum Überleben brauchen, können sie sich bei zu trockenem Wetter in einen Trockenschlaf zurückziehen, der bis zu drei Jahre dauern kann.

39

Lösung: c)

Weichsel

40

Lösung: b)

Eine der weltweit längsten und spektakulärsten Fjordküsten hat Norwegen aufzuweisen. Vom hohen Norden bis in den tiefen Süden greift ein Fjord nach dem anderen tief ins Festland ein. Zu den bekanntesten Einbuchtungen gehören der Geiranger- und der Nærøyfjord, dann der Hardangerfjord, der oft als die Königin unter den Fjorden Norwegens bezeichnet wird, sowie der Sogne-, Lyse-, Nord- und der Trondheimfjord, die alle an der Westküste zu finden sind.

44

Lösung:

Sieben Strahlen stehen für die sieben Kontinente und die sieben Weltmeere. Bereits seit 1984 gehört die Statue zum UNESCO-Weltkulturerbe.

45

Lösung: b)
Palermo

46

Lösung: c)

Was wären die üppigen Graswiesen des Deltas ohne die grau bis schneeweißen Camargue-Pferde, die vor Jahrtausenden schon in den prähistorischen Höhlenmalereien von Solutré verewigt wurden? Äußere Kennzeichen sind ihr gedrungener Körperbau, der eckige Kopf und die dichte Mähne. Erst ab dem fünften Lebensjahr bekommen die Tiere ihr weißes Fell.

47

Lösung: a)
Ein Fisch

48

Lösung: a)
Das Städtchen Buñol in der spanischen Region Valencia ist der Austragungssort, wenn mehr oder weniger sinnfrei Unmengen von Tomaten vergeudet werden: Man bewirft sich bei dem Fest La Tomatina damit! Der Hintergrund des Spektakels ist weder religiös, noch ist Buñol ein Tomatenanbaugebiet. Vielmehr ärgerte sich im August 1945 ein Teilnehmer eines Umzugs mit sogenannten Cabezudos (Figuren mit riesigen Köpfen) über einige störende Jugendliche so sehr, dass er den Kopf seiner Figur verlor und sich vor Wut aus dem nächstbesten Gemüsestand mit Wurfgeschossen eindeckte. Im Jahr darauf trat die Jugend bereits mit mitgebrachten Tomaten zur Schlacht an, und La Tomatina war erfunden.

49

Lösung: b)

Die Glockentürme in Städten Flanderns, Walloniens und Nordfrankreichs waren einst ein Symbol bürgerlichen Stolzes gegenüber dem Adel. Ein machtvolles Zeichen gegen Adel und Klerus setzte das erstarkende Bürgertum mit der Errichtung prächtiger Belfriede, wie solche Glockentürme auch genannt werden. Bekannt dafür sind die Städte Gent und Brügge. Die Städte Kortrijk, Mechelen und Antwerpen besitzen gleich mehrere solcher Bauten.

50

Lösung: c)

Rund 30 000 bis 35 000 Jahre alt sind die Felsmalereien in der Chauvet-Höhle, damit zählen sie zu den ältesten bekannten Kunstwerken der Menschheit. Über 1000 Wandbilder wurden bisher inventarisiert. Aus konservatorischen Gründen ist die Höhle für die Öffentlichkeit nicht zugänglich; nur ein originalgetreuer Nachbau kann besichtigt werden.

51

Lösung: a)

Brasília

PS: Von 1549 bis 1763 war Salvador de Bahia Hauptstadt des Landes, 1763 wurde Rio de Janeiro dann Hauptstadt und blieb es bis zum Neubau der heutigen Landeshauptstadt Brasília.

52

Lösung: a)

Albert Schweitzer

53

Lösung: b)

Alle wurden im Jahr 2021 von der UNESCO zum Weltkulturerbe ernannt.

54

Lösung: c)

Landeshauptstadt und damit Sitz von Regierung, Verwaltung und Landtag ist Schwerin.

55

Lösung:

1 Wyoming, 2 Oklahoma, 3 Tennessee

56

Lösung:

Die gigantischen Wasserfälle erstrecken sich über zwei Länder und werden in jedem Land anders geschrieben: in Argentinien Iguazú und in Brasilien Iguaçu.

57

Lösung: a)

Die Oasenstadt Samarkand an der Seidenstraße in Usbekistan glänzt durch Meisterwerke islamischer Kunst und Kultur.

58

Lösung: b)

Der Wiedehopf ist ein Insektenfresser und Zugvogel. Seine Lebensräume sind weit verbreitet, er bevorzugt aber wärmere Gefilde. 1976 und 2022 wurde der Wiedehopf zum »Vogel des Jahres« gekürt, eine Auszeichnung, die vom Naturschutzbund Deutschland vergeben wird.

59 Lösung: a)
Santander ist die Hauptstadt der zu Spanien gehörenden Autonomen Gemeinschaft Kantabrien, im Norden des Landes gelegen.

60 Lösung: c)
1) Abruzzen
2) Apulien
3) Kalabrien

61 Lösung: b)
Assisi ist eine bezaubernde mittelalterliche Gemeinde mit ausgezeichnet erhaltener Altstadt und der Festungsruine Rocca Maggiore. Der größte Anziehungspunkt von Assisi sind zweifellos das Kloster und die Basilica di San Francesco, die am nordwestlichen Ende der Stadt prachtvoll und weithin sichtbar auf einem Hügel thronen. Mit dieser Ortschaft ist ein außerordentlicher Heiliger untrennbar verbunden: Giovanni Bernardone, der als Franz von Assisi berühmt wurde.

62 Lösung: b)
Wer Sofia besucht, mag es auf den ersten Blick gar nicht vermuten, aber überall in der Stadt gibt es großartige Street-Art zu sehen. Der Hotspot ist die ul. Tsar Ivan Shishman. Hier findet man vor allem kreativ bemalte Stromkästen, mit deren Verschönerung junge Street-Art-Künstler von der Stadt beauftragt werden.

63 Lösung: c)
El Hierro ist die westlichste Kanareninsel und gilt als naturbelassener Geheimtipp. La Palma liegt im Nordwesten des Archipels, nicht zu verwechseln mit der gleichnamigen Hauptstadt Palma von Mallorca.

64 Lösung: c)
Eigenwillig waren sie schon immer, die Einwohner von Marsaxlokk. Sie sprechen sogar ihren eigenen Dialekt, dem sogar mancher Malteser nur mit Mühe folgen kann. Doch dafür sind sie weniger bekannt: Das kleine Fischerdorf zählt heute zu den wichtigsten Zielen für Malta-Touristen, weil dort die bunten, langen Boote so hübsch im Hafen schaukeln.

65 Lösung: c)

Der Geschäftsmann Fernando Crespo machte sicher große Augen, als er in der historischen Altstadt das Haus eines Friseurs genauer in Augenschein nahm. Eigentlich wollte er hier Ferienzimmer einrichten, doch er entdeckte, dass er es mit einem jahrhundertelang verborgenen Schatz zu tun hatte. So verwarf er seine Pläne und ließ das Gebäude restaurieren. Dank ihm kann man somit seit 2010 wieder die Synagoge, – denn nichts anderes war der ursprüngliche Zweck des Gebäudes – besichtigen. Dazu gehört beispielsweise auch das traditionelle Wasserbecken Mikwe im gemauerten Kellergewölbe, ihm verdankt das ehemalige Gotteshaus auch den Namen Sinagoga del Agua.

66 Lösung: c)

Die wohl bekannteste Spezialität der Firma Perugina sind die kleinen blau verpackten »Baci«, Schokoladenküsse. In der Casa del Cioccolato, dem Perugina-Schokoladen-Museum in Perugia, kann man die Geschichte des Betriebs und der Schokoladenherstellung verfolgen, einen Blick auf die Produktion der kleinen berühmten Praline werfen und am Ende die schokoladigen Spezialitäten auch probieren.

67 Lösung: a)

Ein ganz und gar weltliches Instrument gehört im Inneren der Kirche Saint-Jean zu den wichtigsten Sehenswürdigkeiten 9,35 Meter hoch ist die astronomische Uhr, die mindestens aus dem 14. Jahrhundert stammt und zu den ältesten Europas gehört. Sie zeigt die Position der Sonne, des Mondes und der Sterne über Lyon an und beeindruckt Fachleute mit ihrer Genauigkeit – und das, obwohl sie in einer Zeit erbaut wurde, in der die Menschen noch glaubten, die Sonne drehe sich um die Erde.

68 Lösung: b)

Umbrien ist unter anderem berühmt für seine Trüffel. Weißer oder schwarzer Trüffel, Wintertrüffel und Muskattrüffel – die Sorten des begehrten Pilzes sind vielfältig und Umbriens Erde diesbezüglich reich gesegnet.

69 Lösung: a)

Die historische Landschaft Walachei liegt in Rumänien zwischen den Südkarpaten und der Donau und wird in die Große und die Kleine Walachei gegliedert.

70 Lösung: a)

Die Pariser Métro ist berühmt für ihre wunderschönen Jugendstil-Eingänge. Ineinander verschlungene grüne Eisenträger umfassen Metroschilder und Laternen, die meisten von ihnen wurden von dem französischen Architekten und Designer Hector Guimard gestaltet. Heute sind noch 86 von ihnen erhalten. Später wurden Zugänge u. a. von Adolphe Dervaux im Stil des Art déco kreiert.

71

Lösung: c)

Sieben Kilometer östlich von Terni wartet ein künstlich angelegtes Naturschauspiel: die Cascata delle Marmore, die als schönster Wasserfall Italiens gilt, funktioniert nur auf Knopfdruck. Seit 1924 wird das aus der Ebene von Rieti 165 Meter tief ins Neratal stürzende Wasser des Velino in Fallrohren gefasst und zur Stromerzeugung genutzt. Die ursprüngliche Anlage geht jedoch schon auf die Römer ins Jahr 271 v. Chr. zurück. Mit der Fallhöhe von rund 165 Meter gilt er gleichzeitig als höchster von Menschen geschaffene Wasserfall.

72

Lösung: c)

Limburg, die Provinz um Maastricht, ist kulinarisch vor allem für eine Süßspeise bekannt. Die Rede ist von Vlaai, einem kuchenähnlichen Gebäck aus einem flachen Hefeteig und sehr viel Fruchtkompott. Natürlich sollte man es sich nicht entgehen lassen, diese süße Seite der Stadt zu kosten.

PS: Die südafrikanische Grillspezialität heißt Braai.

73

Lösung: b)

Die Hauptstadt Nordrhein-Westfalens ist eine Stadt der Mode und Kultur, ein bedeutendes Finanzzentrum und ein internationaler Messestandort. Eines der spektakulärsten Bauwerke Düsseldorfs ist der vom US-amerikanischen Architekten Frank O. Gehry entworfene Neue Zollhof.

74

Lösung:

Es ist der Eiffelturm von unten zu sehen.

75

Lösung: b)

Auf Big Major Cay können tierliebende Urlauber schwimmende Schweine im Meer beobachten. Die Bootstouren zum Pig Beach zählen heute zu den beliebtesten Aktivitäten auf den Bahamas. Man sollte bei dieser Unternehmung aber unbedingt auf das Wohl der Tiere achten. Als einige Tiere starben, musste man sich etwas einfallen lassen, und nun gibt es Restriktionen für den Besuch. Wie die Schweine überhaupt auf die einsame Insel gekommen sind, ist unklar.

76

Lösung: b)

Der Maler, der unter anderem das berühmte Gemälde »Das Mädchen mit dem Perlenohrring« schuf, erblickte in Delft 1632 das Licht der Welt und wurde 1675 dort begraben.

77

Lösung: b)

Maltas Hauptstadt Valletta ist dicht. Dicht besiedelt. Dicht der Verkehr. Und dicht an Sehenswürdigkeiten. Wenn es eine Mittelmeerinsel gibt, die urbanes Flair verströmt und gleichzeitig mit südeuropäischer Lebensart lockt, dann ist es Malta.

78

Lösung: c)

Die Hauptstadt Spaniens ist nicht nur der geografische Mittelpunkt der Iberischen Halbinsel, sondern war einst auch das Zentrum eines Reichs, in dem die »Sonne nie unterging«. Die Gran Via, Boulevard und eine der Hauptverkehrsadern der Stadt, wurde ab 1910 im nördlichen Zentrum angelegt, wo sich auch das markante Metropolis-Gebäude befindet.

80

Lösung: c)

Um den Zeitrahmen einhalten und die hohen Ansprüche an den Bau eines großen Gotteshauses erfüllen zu können, suchte der Legende nach der Baumeister Unterstützung beim Teufel. Im Gegenzug versprach er ihm, eine Kirche ohne ein einziges Fenster zu errichten. Der Teufel prüfte nach geraumer Zeit das Versprechen, und tatsächlich war dank der cleveren Architektur vom Eingang aus kein Fenster rechts und links zu sehen. Erst beim nächsten Schritt in die Kirche hinein, offenbarten sich die zahlreichen Fenster zwischen den Säulen. Der wütende Fußabdruck des Teufels ob der Hinterlist ist bis heute dort zu sehen – ebenso die »fensterlose« Innenansicht vom Eingang aus.

82

Lösung: b)

Die drittgrößte Stadt Frankreichs zeichnet sich durch eine wunderschöne Altstadt, eine lebhafte Kulturszene und viele namhafte Museen aus. Ihre Lage wird von dem Zusammenfluss von Saône und Rhône geprägt.

79

Lösung: b)

»Du bist nicht richtig in Polen gewesen, wenn du nicht auf dem Wawel warst«, heißt es. Und der Ort größter Anbetung ist die Wawel-Kathedrale. Diese steht wiederum auf dem 228 Meter hohen, gleichnamigen Hügel in der Innenstadt. Ein steiler Felsen hoch über der Weichsel und nahe der Stadt bildete seit jeher den perfekten Verteidigungsposten. Bis ins frühe Mittelalter lassen sich hier Nachweise von Burgen finden. Schon vor 1000 Jahren errichtete man hier eine erste Kirche, die Marienrotunde, eines der ältesten Gebäude des Hügels. Später bauten die Könige die Festung aus; Türme, Arkaden und die Prunksäle tragen architektonische Handschriften von der Gotik bis zum Barock.

81

Lösung: b)

Jede Stadt hat ihre eigenen Spezialitäten, für die sie berühmt ist. Im Falle Posens, einer Stadt in Polen, sind es die Martinshörnchen: Plunderteig, der mit Weißmohn gefüllt wird und mit Zuckerguss bestrichen ist. Besonders am Martinstag (11. November) laufen die Öfen in Posen heiß, um der Tradition gemäß die süßen Stücke zu backen und gemeinsam zu vernaschen. Die Herkunftsbezeichnung ist geschützt.

83 Lösung: c)
In Zadar sind zwei der berühmtesten Kunstwerke Kroatiens zu bestaunen: die »Meeresorgel« und der »Gruß an die Sonne«. Erstere hat sich fast zum Wahrzeichen der Stadt gemausert. In den Steinstufen am Ende der Uferpromenade befindet sich ein Orgelsystem. Wind und Wellen pressen Luft durch die Orgelpfeifen, und es entsteht sanft-rhythmische Meeresmusik. Der »Gruß an die Sonne« besteht dagegen aus Hunderten von mehrschichtigen Glasplatten mit Solarpaneelen, die auf einer Ebene mit dem Pflaster kreisförmig angeordnet sind und nach Sonnenuntergang zu leuchten beginnen. Beide Projekte verantwortete der kroatische Architekt Nikola Bašić.

84 Lösung: b)

87 Lösung: *Hier herrscht einheitlich Linksverkehr auf den Straßen.*

88 Lösung: c)
Modern und aufgeschlossen zeigt sich Linz in seinem Miteinander von Alt und Neu, von historischen Gebäuden wie der Urfahrer Josefskirche aus dem 17. Jahrhundert und dem hypermodernen Ars Electronica Center.

85 Lösung: b)

Man traut seinen Augen nicht, wenn man in Südspanien die berühmten weißen Dörfer, »Pueblos Blancos«, bereist und plötzlich vor einer schlumpfblauen Häuserkulisse steht. Für den 3D-Film »Die Schlümpfe« und die anschließende Premiere wurde das 240-Seelen-Dorf unter Einwilligung der Bewohner komplett in das beliebte Blau getüncht. Das fand Anklang, nicht nur bei Besuchern, auch bei den Einwohnern, und so entschieden sie sich, die ungewöhnliche Farbe weiterhin als Markenzeichen zu führen.

86 Lösung: c)

Bis heute sind die adligen Rajputen (Sanskrit: »Königssöhne«) die dominierende Gesellschaftsschicht im nordwestlichen Indien. Mehr als tausend Jahre lang bestimmten sie das Schicksal des heutigen Bundesstaats Rajasthan (»Land der Könige«). Dessen Kapitale, Jaipur, ist eine 1727 von Jai Singh II. (1686–1743) gegründete Stadt, die wegen der hier vorherrschenden, traditionell Gastfreundlichkeit signalisierenden rosa Fassadenfarbe auch »Pink City« genannt wird. Wahrzeichen der Stadt ist der 1799 errichtete Hawa Mahal (Palast der Winde) mit seiner auffälligen Schaufassade. 2019 wurde die Stadt UNESCO-Weltkulturerbe.

89

Lösung: b)

Von Valle Gran Rey aus kann man per Boot ein eindrucksvolles Naturkunstwerk besuchen: Los Organos, ein aus Lavagestein bestehendes Felsmassiv, das sich, riesigen Orgelpfeifen ähnlich, etwa 80 Meter aus dem Meer erhebt.

90

Lösung: c)

Die Halbinsel Inishowen vereint zugleich zwei Superlative in sich: Sie ist die größte Halbinsel Irlands und beherbergt außerdem mit dem markanten Malin Head den nördlichsten Punkt der Insel.

91

Lösung: b)

Wer in der Hohen Tatra unterwegs ist, sollte eine Einkehr in eines der urigen Gasthäuser nicht verpassen. Im slowakischen Teil bieten die Kolibas,

typische Hütten und Traditionswirtschaften, deftige einheimische Kost an. Fast überall mit auf der Speisekarte steht das Nationalgericht der Slowakei: Bryndzové halušky – Kartoffelnocken mit Brynzda (ein slowakischer Käse ähnlich dem Ziegenkäse), Speck und Schmand, in der Pfanne serviert.

92

Lösung: a)

Für die Einwohner von Görlitz sind Filmkameras, -teams und -sets mittlerweile ein gewohnter Anblick. Schließlich fungierte die Stadt bereits mehrmals als Drehort für diverse Filme wie beispielsweise »Goethe!« (2010), »Die Bücherdiebin« (2013), »Die Vermessung der Welt« (2012) oder »Käthe Kruse« (2015). Eine besondere Filmehre wurde der Stadt sicherlich mit Quentin Tarantinos »Inglorious Basterds« (2009) und natürlich Wes Andersons »Grand Budapest Hotel« (2014) zuteil. Die Stadt zeigte mit unzähligen Statisten, Räumlichkeiten und kleinsten Details ein enormes Engagement bei den Dreharbeiten. Eine umfangreiche Restaurierung soll nun den Hauptschauplatz von Andersons Film, ein altes Kaufhaus im Jugendstil, zu neuem Leben erwecken.

93

Lösung: b)

Sie gilt als schönste Stadt Montenegros: Kotor versteckt sich gut geschützt im letzten Winkel der gleichnamigen Bucht. Der Ort verzaubert seine Besucher, weil sich die roten Dächer zwischen Berge und Meer schmiegen. Die autofreie Innenstadt ist von einer malerischen Mauer umgeben, dazu gesellen sich schmale Gassen und weite Plätze, an denen sich immer irgendwie der Blick auf eine schöne Kirche erhaschen lässt.

95

Lösung:

Die drei Städte wurden alle im Jahr 2022 von der EU als Kulturhauptstadt Europas ausgezeichnet. Seit 1985 werden mit diesem Preis europäische Städte geehrt. Gefeiert wird die Auszeichnung jeweils mit zahlreichen Veranstaltungen. Auf diese Weise sollen die Kulturgüter betont und die Städte auch international mehr Aufmerksamkeit erlangen.

97

Lösung: c)

Die westlich von Estland in der Ostsee gelegene Inselgruppe besteht aus vier Hauptinseln namens Saareema, Hiiumaa, Muhu und Vormsi sowie 500 kleineren Inseln. Jedes der großen Eilande zeichnet sich durch unberührte Natur und gastfreundliche Bewohner mit gelebten Traditionen aus.

94

Lösung: b)

Bunt und einladend wirkt der ab 1900 im Rahmen einer Gartenstadt angelegte Park. Gaudí sollte im Auftrag von Eusebi Güell eine geschlossene Wohnsiedlung für Wohlhabende zusammen mit einem Park nach dem Muster englischer Gartenstädte errichten.

96

Lösung: a)

Fernab irdischer Niederungen wurden die zum großen Teil bereits im 14. Jahrhundert gegründeten Klöster von Metéora auf steilen Felskegeln erbaut, wo sie hoch über der Landschaft thronen. Im Lauf der Zeit wurden nahe der Stadt Kalambaka in Thessalien 24 Klöster errichtet. Fünf von ihnen werden noch heute bewohnt, seit 1988 gehören sie zum UNESCO-Weltkulturerbe.

98

Lösung: b)

Die Hafenstadt Varberg am Kattegat in der schwedischen Provinz Hallands län hat heute rund 27000 Einwohner und blickt auf eine lange Tradition als Seebad zurück. Das an der Wende vom 19. zum 20. Jahrhundert in Hafennähe auf Stelzen errichtete pompös verspielte Kaltbadehaus erinnert daran. Das Schwimmbad und die Saunen werden bis heute genutzt.

99 Lösung: Flamingo

100 Lösung: c)

101 Lösung: a) Leopardnatter = , b) = Äskulapnatter, c) = Hornotter

102 Lösung: a)
Die Bezeichnung Silvester geht auf den im Jahr 335 n. Chr. lebenden Papst Silvester zurück, dessen Todestag genau auf den letzten Tag des Jahres fällt.

103 Lösung: c)
Die Briten krönen den 26. Dezember mit einem weiteren Event – dem Boxing Day: Früher war es Brauch, dass Arbeitgeber zu Weihnachten den Angestellten Geschenke oder Geld in Schachteln (»boxes«) reichten. Mittlerweile lebt die Tradition in Form des verkaufsoffenen Feiertags weiter.

104 Lösung: c)
Die Bewohner Lyons dankten einst der Jungfrau Maria für ihre Errettung vor der Pest, indem sie mit brennenden Kerzen in einer Prozession durch die Straßen zogen. Daraus entwickelte sich die Fête des Lumières, inzwischen eines der größten Lichterfeste der Welt.

105 Lösung: b) und c)
Feuchtes Klima schadet den Moschusochsen, da das fast bodenlange Fell wegen fehlender Talgdrüsen nicht wasserabweisend ist. Ebendieses Fell hat den Tieren übrigens in der Inuitsprache ihren Namen eingebracht: Dort heißen sie Umimmaq, »Tier mit Fell wie ein Bart«. Zur besseren Wärmeisolierung ist ihr Fell tatsächlich aber aus verschiedensten Haarsorten zusammengesetzt.

106 Lösung: c)
Die Surferstadt Tarifa ist nicht nur südlichster Zipfel Spaniens, sondern auch von ganz Europa.

PS: Wenn man Inseln mitzählt, gilt das Städtchen Ierapetra auf Kreta als südlichste Stadt Europas.

107 Lösung: b)
Die Villen und Gärten der Medici stellen einen für die damalige Zeit ganz neuen Bautypus dar. Sie zeugen vom enormen Einfluss dieser Florentiner Fürstenfamilie auf die gesamte europäische Kultur und besonders auf die Kunst der Renaissance. Das UNESCO-Welterbe umfasst seit 2013 zwölf Villen und zwei Gärten: neben dem Boboli-Garten gleich hinter dem Palazzo Pitti in Florenz auch den Garten der zerstörten Villa Medici (bzw. Villa Demidoff) in Pratolino nördlich von Florenz.

108 Lösung: c)

Geburtstage an sich spielen im Judentum keine große Rolle mit Ausnahme des zwölften bzw. 13. Mit der Bar Mizwa erreichen Jugendliche im Judentum die religiöse Mündigkeit. Heute können auch Mädchen sie feiern – mit zwölf Jahren, als Bat Mizwa bezeichnet – und damit ein Jahr früher als Jungen.

PS: Chanukka ist das Lichterfest und Sukkot eine Art Erntedankfest im Judentum.

110 Lösung: c)

Durch das angeblich schönste Tal der Alpen schlängelt sich die intensiv blaue Soča, die mit ihren wilden Stromschnellen und natürlichen Slalomstrecken ein Paradies für Rafter ist. Die Soča entspringt einer geheimnisumwitterten Karstquelle in Trenta unter dem Fuße der mächtigen Julischen Alpen und windet sich auf einer Länge von 140 Kilometern bis in den Golf von Triest.

113 Lösung: b)

Málaga, die Hafenstadt an der Costa del Sol, ist der Mittelpunkt einer extrem vom Tourismus geprägten Region. Wer Málaga entdecken will, begibt sich auf Spurensuche seines berühmtesten Sohns, Pablo Picasso, oder auf einen ausgiebigen Rundgang durch die Altstadt. Der berühmte Maler erblickte hier 1881 das Licht der Welt.

109 Lösung: c)

Mit der intuitiven Verwirrungstaktik sind sie vor ihren Fressfeinden wesentlich sicherer, insbesondere Raubvögel werden durch das stete Verschwinden und Wiederauftauchen hinter Baumstämmen bei ihrer Konzentration auf potenzielle Beute abgelenkt und verlieren damit meist ihr Ziel aus den Augen.

111 Lösung: c)

Es war Ingólfur Arnarson, ein Wikinger aus Norwegen, der sich auf Island als Erster niederließ. Wegen der Dampfsäulen nannte Arnarson die Bucht Reykjavík – »Rauchbucht«.

112 Lösung: c)

Elfen und Trolle gehören laut einer Umfrage noch immer zum realen Leben auf Island. Zeitweise gibt es sogenannte Elfenbeauftragte, die sogar vom Bauministerium beschäftigt werden, um die geschützten Bereiche zu sondieren und die Bauvorhaben entsprechend zu lenken. Auch ohne solche Hüter der zarten Wesen werden manchmal Projekte blockiert, wenn die Anwohner überzeugt sind, hier das Reich der Elfen in Gefahr zu sehen. Bei Missachtung kam es nicht selten schon zu vermehrten Unfällen auf Baustellen – die Rache der Naturgeister kann unerbittlich sein.

114 Lösung: c)

Von Ende Mai bis Mitte Juli geht in der nördlichsten Gemeinde Schwedens die Sonne gar nicht unter (dafür die letzten drei Dezemberwochen gar nicht auf). Das sind fast 50 Tage reine Mitternachtssonne und 50 weitere »Weiße Nächte«, was von den gut 23 000 Bewohnern kräftig gefeiert wird – mit Open-Air-Konzerten, Ausstellungen und allerlei »nächtlichen« Outdoor-Aktivitäten. Vor allem das Kiruna-Festival, das Ende Juni/Anfang Juli stattfindet, zieht Tausende Besucher an.

PS: Midsommar ist zwar das größte Fest in Schweden, aber es währt nur einen Tag. Santa Lucia ist das Lichterfest im Dezember und nach einer Heiligen benannt.

115 Lösung: c)

116 Lösung: c)

Das Exzenterhaus ist ein modernes Hochhaus, das seit 2013 die Universitätsstraße in Bochum ziert. Es wurde als Überbauung eines denkmalgeschützten Luftschutzbunkers errichtet.

117 Lösung: a)

Vänern ist der größte See in Schweden, in Finnland heißt der größte See Saimaa, und Peipus ist der größte See von Estland, der allerdings zur Hälfte auch in Russland liegt.

PS: Nur Estland gehört mit Lettland und Litauen zum Baltikum.

118 Lösung: c)

119 Lösung: a)

PS: Zwar tragen die Flaggen von Italien und Tadschikistan die gleichen Farben, aber sind doch anders.

120 Lösung: a)

Hanoi ist die Hauptstadt Vietnams. Ho-Chi-Minh-Stadt ist jedoch deutlich größer und hat etwa doppelt so viele Einwohner.

121 Lösung: b)

In Giverny, einem kleinen Bauerndorf in der Normandie, 70 Kilometer nordwestlich von Paris, ließ sich der naturverbundene Maler 1883 mit seiner Familie nieder und zog nie wieder von dort weg. In dem von ihm angelegten prächtigen Garten wurde ein Teich voller Seerosen fortan sein Hauptmotiv: »Ich habe sie kultiviert, ohne daran zu denken, sie zu malen … Man lernt eine Landschaft nicht an einem Tag vollständig zu schätzen … Und dann offenbarte sich plötzlich die Magie meines Teiches. Ich nahm meine Palette mit. Von diesem Moment an hatte ich fast kein anderes Modell mehr«, erzählte er später. Ganze 250-mal verewigte Monet den Teich auf der Leinwand. Seine Seerosenserie wurde zum Markenzeichen des Künstlers.

PS: Mit einer Bildserie von Sonnenblumen wurde Vincent van Gogh berühmt.

122

Lösung: b)

Die 16 Seen des Nationalparks Plitvicer Seen befinden sich in Kroatien unweit der Grenze zu Bosnien-Herzegowina und sind über Terrassen, Kaskaden und Wasserfälle miteinander verbunden – Zeugnisse eines sich ständig ändernden, urwüchsigen Naturpanoramas im kroatischen Karst.

PS: Berühmtheit erlangte die Region ab den 1960er-Jahren auch durch die Verfilmung zahlreicher Karl-May-Romane wie der »Schatz im Silbersee« oder »Winnetou II« und »Winnetou III«. Die Hintergrundkulisse für die zahlreichen Abenteuer rund um Winnetou und Old Shatterhand machte die einzigartige Karstlandschaft in Deutschland zu einem Sehnsuchtsziel ersten Ranges.

123

Lösung: c)

Auf dem gusseisernen Eingangstor steht: »Diese Pflanzen können töten!«, dazwischen prangt ein Totenkopf. Nicht gerade einladend für Besucher, die den Garten aus Sicherheitsgründen nur mit Führer betreten dürfen. Der sogenannte Poison Garden ist ein Areal im Alnwick Garden, einer Parkanlage, die zum Alnwick Castle im Norden Englands gehört. Die gut 100 Arten im »gefährlichsten Garten der Welt« sind toxisch. Manchen von ihnen führen zum sicheren Tod.

PS: Berühmtheit erlangte das Schloss aus dem 12. Jahrhundert als schaurige Filmkulisse diverser Harry-Potter-Verfilmungen und Downtown-Abbey-Staffeln.

124

Lösung:

Der Palmendieb ist das größte an Land lebende Krebstier der Erde. Der Palmendieb – oder auch Kokosnussräuber – kann bis zu vier Kilogramm schwer werden und schafft es tatsächlich, mit den Scheren, Kokosnüsse vom Baum zu »ernten« und zu öffnen:

125

Lösung: b)

Der Gebirgszug Velebit, das »große Wesen«, erstreckt sich 150 Kilometer entlang der kroatischen Adriaküste. Seine hoch aufragenden Gesteinsschichten scheiden das mediterran-milde Klima der Küste vom Gebirgsklima im Landesinneren. Für die Einheimischen ist diese Gebirgsregion eine sagenumwobene Landschaft, vergleichbar in etwa mit dem griechischen Olymp: Die Wilas, weibliche Naturgeister, tanzen dem Volksglauben nach hier oben und werden in traditionellen Liedern besungen.

PS: Dinara ist dagegen mit 1831 Metern der höchste Gipfel Kroatiens.

126

Lösung: a)

Natürlich wachsender Wald ist in verschiedene Etagen unterteilt. Diese ergeben sich teils aus den Wuchshöhen der Waldpflanzen. Man kann sich die einzelnen Etagen leichter merken, wenn sie mit dem Aufbau eines Hauses verglichen werden. Der Keller ist die Erde mit der Wurzelschicht, im Erdgeschoss gedeihen Moose und Pilze, im ersten Stock sind Farne und Kräuter bis zu einem Meter Höhe vertreten, die zweite Etage wird von Sträuchern und Büschen belegt, und der Dachboden ist die Baumschicht, die am höchsten wächst.

127

Lösung: c)

Die Jurassic Coast, eine 155 Kilometer lange, abwechslungsreiche Küstenlinie im Süden Englands, führt von Dorset nach Ost-Devon und wurde 2001 von der UNESCO zum Welterbe erklärt. Die Küstenlinie erzählt mit ihren Fossilien und geologischen Formationen rund 185 Millionen Jahre Erdgeschichte. Durch die Erosion werden bis heute ständig neue Fossilien freigelegt, die jeden Spaziergang zu einer wissenschaftlichen Expedition machen.

128

Lösung: b)

Stalaktiten bilden sich hängend von der Höhlendecke herab, Stalagmiten dagegen wachsen vom Boden in die Höhe.

PS: Es gibt auch Fälle, dass sich beide Formationen »in der Mitte« treffen und zusammenwachsen, dann spricht man von Sintersäulen.

129

Lösung: b)

Es handelt sich um ein historisch belegtes, aber unverbrieftes Gewohnheitsrecht, dass alle Menschen grundsätzlich freien Zugang zur Wildnis haben, dort auch übernachten und Feuer machen dürfen. Auch muss niemand nur auf den angelegten Wegen bleiben, sondern jeder kann sich fei bewegen. Dennoch sind natürlich Grenzen gesetzt, und es darf kein Schaden an der Natur entstehen. Auch die Jagd auf Tiere ist davon ausgenommen.

130

Lösung: c)

»Boofen«, das ist die Elbtal-Variante des hochdeutschen Verbs »pofen«, was umgangssprachlich so viel bedeutet wie (tief und fest) schlafen. Einst – und bis Anfang der 1990er-Jahre – gab es in der Sächsischen Schweiz befestigte Boofen, diese hüttenähnlich ausgebauten Übernachtungsstellen, die oft von ansässigen Seilschaften oder Klettervereinen errichtet worden waren und einen komfortablen Schutz boten, manche hatten schon Kriegsgegnern im Zweiten Weltkrieg als Versteck gedient oder Systemgegnern der DDR als Rückzugsort vor Überwachung. Heute wird das naturnahe Übernachten aber streng beobachtet, denn die Natur steht an erster Stelle.

»Wenn jemand eine Reise tut, so kann er was erzählen …«

Das bekannte Sprichwort hat über die Jahre gewiss nichts an Gültigkeit eingebüßt, die schöne weite Welt erschließt sich für Reiselustige meist ganz nebenbei. Die Flut an neuen Eindrücken und Erlebnissen verwandelt sich im Nachhinein, wenn zu Hause Souvenirs, Fotos und Erinnerungen sortiert wurden, zu berauschenden Erzählungen und wichtigen Erfahrungen.

Wer über einen solchen Wissensschatz verfügt, der möge sich an Level 2 probieren. Es tun sich hier noch Wissenslücken auf? Allerhand! Dann schnell die nächste Reise buchen. Alle Fragen richtig beantwortet? Chapeau! Nichts wie weiter zu Level 3.

Für Reiselustige

Frage
131
Warum? Darum!

Warum erhielt das arktische Grönland den Namen Groenland/Grønland – *»Grünes Land«* –, obwohl es überwiegend mit Eis und Schnee bedeckt ist?

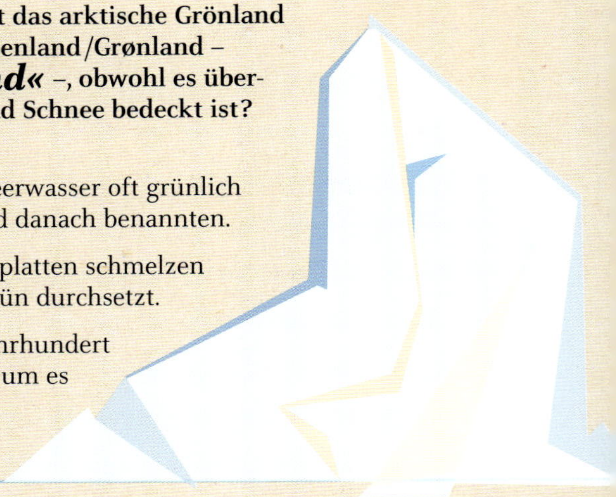

a) Weil die Einwohner das Meerwasser oft grünlich schimmern sahen und ihr Land danach benannten.

b) Weil seit jeher klar war, dass die Eisplatten schmelzen werden und sich nach und nach das Grün durchsetzt.

c) Weil Erik der Rote im 10. Jahrhundert damit Siedler anziehen wollte, um es attraktiver klingen zu lassen.

Frage
132
Schon gewusst?

Wie kam der *Schreber* zum *Garten?*

a) Abgeleitete Wortkreation der frechen »Berliner Schnauze« aus Streber, die immer etwas werkeln und leisten wollen

b) Sebastian Schreber war um 1900 nach einer Tuberkuloseerkrankung auf der Suche nach kostengünstiger Medizin und begann Heilkräuter selbst zu züchten, die nicht nur den reichen Leuten, sondern dem ganzen Volk zugänglich waren.

c) Daniel Gottlob Moritz Schreber (1808–1861) war von Beruf Arzt der Orthopädie, hatte viele Interessen, das Gärtnern gehörte allerdings nicht dazu.

Frage 133 – Superlative der Welt

Was können die sogenannten *Supertrees* in den *Gardens by the Bay* von Singapur?

a) Sie gehören zu den wurzellosen Luftpflanzen und nehmen Wasser und Nährstoffe nur über die Blätter auf.

b) Sie können durch Zufuhr künstlicher Nährstoffe pro Monat bis zu 20 Zentimeter wachsen.

c) Sie dienen anderen Pflanzen als Aufzuchtstation und erzeugen Strom.

Frage 134 – Schon gewusst?

Was hat in Südamerika ein konkurrenzloses *»Alleinstellungsmerkmal«?*

a) Ein Tier

b) Eine Pflanze

c) Ein Handwerk

Frage 135 – Erbe der Welt

Welches historische Ereignis war mit ursächlich für die Gründung der ***UNESCO-Welterbekonvention*** 1972?

a) Taucher entdeckten 1969 vor der Küste Australiens erstmalig Ansätze für die Zerstörung der Korallen am Great Barrier Reef.

b) Dem monumentalen Felsentempel von Abu Simbel in Ägypten drohte in den 1960er-Jahren eine Zerstörung, so dass man die tonnenschweren Bauwerke zersägte, in Einzelteilen an einen anderen Ort transportierte und dem Original entsprechend wieder aufbaute.

c) Die Terrororganisation Rote Armee Fraktion RAF etablierte sich mit der gewaltsamen Befreiung von Andreas Baader aus der Haft 1970, was global als Bedrohung wahrgenommen wurde.

Frage 136 – Obskures und Skurriles

Wozu dient diese ***Pflanzkonstruktion?***

a) Durch die Konstruktion wurde 2019 eine Projektidee des bayerischen Albert-Einstein-Gymnasiums mit dem Umweltpreis 2019 ausgezeichnet.

b) Mobiler Kräutergarten für Vitaminzufuhr der Besatzung von Containerschiffen

c) Simpler Vorgartenersatz für brasilianische Großstädte aufgrund von Platzmangel

Frage 137 – Tomaten auf den Augen?

Was verbirgt sich unter dieser modernen *Dachkonstruktion?*

a) Sportplatz für eine von der UNESCO geförderte Schule in Venezuela

b) Gastronomische Einrichtung im Tropenzoo Zeeland in den Niederlanden

c) Botanischer Garten in Kolumbien, der auf Orchideen spezialisiert ist

Frage 138 – Wo liegt das?

Wo auf der Welt findet man diese kunstvoll getrimmten *Zypressen?*

a) Parkanlage von Schloss Schönbrunn in Wien

b) Für die Öffentlichkeit zugänglicher Privatgarten in der Toskana

c) Friedhof in Ecuador

Frage 139 – Tomaten auf den Augen?

Was ist *das?*

a) Hundertfach vergrößerte Aufnahme eines Obsidians (vulkanischer Glasstein)

b) Unterwasseraufnahme vom Meeresgrund vor Island

c) Satellitenaufnahme der chilenischen Vulkane

Frage 140 – Obskures und Skurriles

Mit welchem Trick wurden *Bisons* in den USA vor Erfindung der Gewehre *gejagt?*

a) Mehrere Reiter scheuchten eine Herde Bisons auf, damit die Tiere über eine Klippe in den Tod stürzten.

b) Man jagte zunächst nur die schwachen Kälber, weil man beobachtet hatte, dass die Herde aufgrund der hohen Sozialstruktur ohne den Nachwuchs widerstandslos zu erlegen war.

c) Man trieb ein Rudel Wölfe, die einzigen Fressfeinde der Bisons, in die Herde und jagte dann mühelos die verletzten Tiere mit Pfeilen und Speeren.

Frage
141
Schon gewusst?

Was verbindet eine Insel im Pazifischen Ozean mit einer beliebten, ***blütenreichen Zierpflanze?***

Frage
142
Wo liegt das?

Wo befindet sich dieser ***rauchende Turm?***

a) Im Umkreis von Islands aktivstem Vulkan Eyjafjallajökull

b) Am Mount Erebu in der Antarktis

c) Im finnischen Lappland, zugehörig zu einer im Jahr 2022 eröffneten Saunalandschaft

Frage 143 Schon gewusst?

Warum wedeln Afrikanische Elefanten mit den *Ohren?*

a) Um Feinden Aggressivität zu signalisieren

b) Um sich abzukühlen

c) Um Fliegen abzuwehren

Frage 144 Superlative der Welt

Wie heißt das *kleinste Beuteltier* der Erde?

a) Mausopossum

b) Schweinsfuß-Nasenbeutler

c) Dickschwanz-Schlafbeutler

Frage 145 Schon gewusst?

Was versteht man unter sogenannten *Epiphyten?*

a) Pflanzen, die neben sich keine anderen Pflanzen dulden

b) Pflanzen, die auf einer anderen Pflanze wachsen

c) Pflanzen, die sich nicht durch Samen, sondern durch Zellteilung vermehren

Frage 146 – Superlative der Welt

In den Elementen Erde, Wasser und Luft gibt es jeweils ein **schnellstes Tier.** Welche sind das?

a) Antilopen – Orcas – Adler

b) Geparden – Speerfische – Wanderfalken

c) Geparden – Tintenfische – Kolibris

Frage 147 – Schon gewusst?

Zur Gruppe der sogenannten ***Neuweltkamele*** – Lamas, Alpakas und Guanakos – gehört eine weitere Gattung, wie heißt sie?

a) Vikunjas

b) Vaquitas

c) Dromedare

Frage 148 – Superlative der Welt

Welcher Vogel besitzt die größte ***Flügelspannweite*** der Welt?

a) Andenkondor

b) Wanderalbatros

c) Steinadler

Frage 149 Superlative der Welt

Welcher ist der **kleinste Vogel** der Welt?

a) Taubenschwänzchen
b) Bienenelfe
c) Zaunkönig

Frage 150 Schon gewusst?

Welche folgenschweren **Planungsfehler** machte der Verlierer des **Wettlaufs** zum **Südpol?**

a) Er setzte auf kälteresistente, aber altmodische und nicht für Langstrecken geeignete Hundeschlitten mit Huskys.

b) Er vertraute auf moderne, aber nicht erprobte Motorschlitten.

c) Er brachte sibirische Ponys zum Einsatz, deren Zugkraft er überschätzte.

Frage 151 Schon gewusst?

Was versteht man unter einem **Billabong?**

Tipp:
Der Begriff wird hauptsächlich in Australien verwendet.

Frage 152 Tomaten auf den Augen?

Was ist **das?**

a) Amphitheater im italienischen Aostatal im Winter

b) Bergspitze des höchsten Bergs Afrikas

c) Japanische Forschungsstation zur Erdbebenmessung in Fukushima

Frage 153 Superlative der Welt

Welche Art gilt als **größtes Nagetier** der Welt?

a) Nutria

b) Capybara

c) Bisamratte

Frage 154 Schon gewusst?

Wie erschaffen Termiten ihre *gigantischen* Bauwerke?

a) Sie sammeln Lehmklumpen und Erde der Umgebung, die sie zu einem stetig wachsenden Haufen auftürmen.

b) Sie scheiden ein klebriges Sekret aus und vermengen es mit kleinen Steinchen.

c) Sie zerkauen organisches Material und spucken es als Baumaterial wieder aus.

Frage 155 Warum? Darum!

Warum gibt es in Havanna auf Kuba so viele *legendäre Oldtimer?*

a) Ähnlich dem »Mexiko-Käfer«, dem VW Käfer, der in der späteren Phase ab 1970 in Mexiko gebaut wurde, gab es in Havanna um 1900 die wichtigste Produktionsstätte weltweit für Limousinen.

b) Die Kubaner hatten nie genug Geld, um sich moderne Neuwagen anzuschaffen und machten aus der Not eine Tugend.

c) Das kubanische Wirtschaftssystem verhinderte jeglichen Import von modernen Fahrzeugen aus dem Westen.

Frage 156 – Tomaten auf den Augen?

Was ist ***das?***

a) Durch Insekten entstandene Einschlüsse in einem Malachit

b) Ein brasilianisches Sumpfgebiet

c) Ein von Algen überwucherter See in Michigan, USA

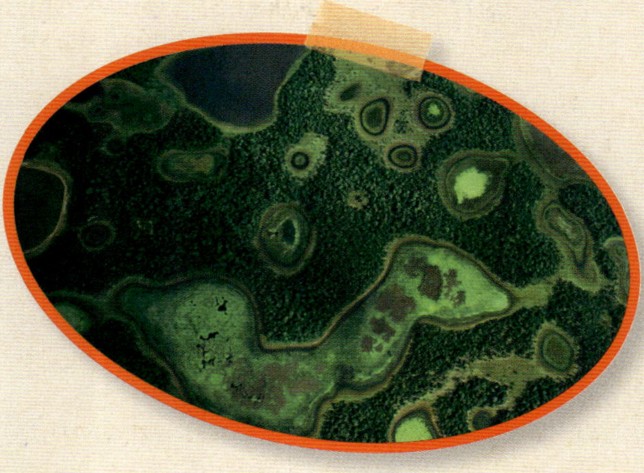

Frage 157 – Superlative der Welt

In welcher Kategorie belegt der Fluss ***Amazonas*** den ersten Platz?

a) Als längster Fluss der Erde

b) Als wasserreichster Fluss der Erde

c) Als gefährlichster Fluss der Erde

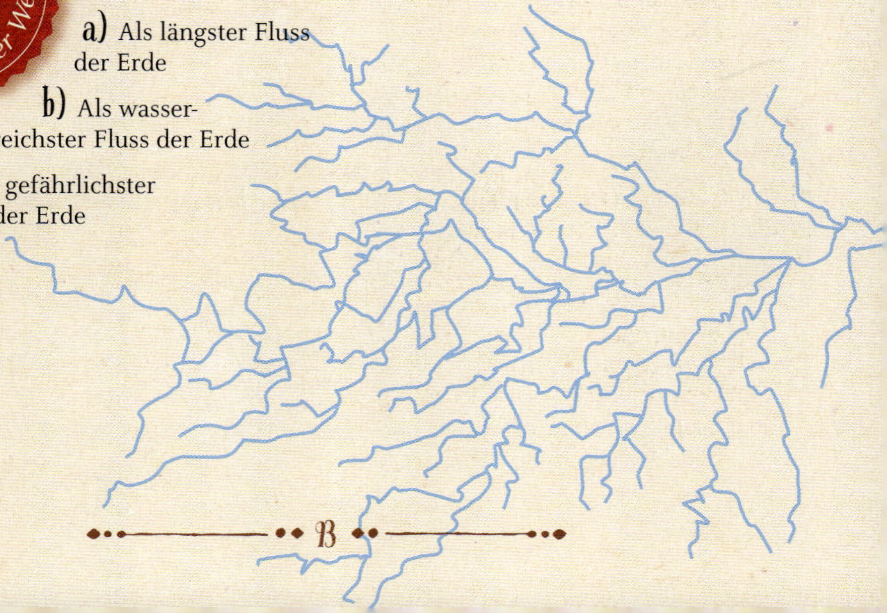

Frage 158 – Superlative der Welt

Welche ***Pflanze*** hat die größten ***Blätter*** der Welt?

a) *Monstera deliciosa*, auch als Fensterblatt bekannt

b) *Victoria amazonica*, als Amazonas-Riesenseerose bekannt

c) *Sequoiadendron giganteum*, der Riesen-Mammutbaum

Frage 159 – Schon gewusst?

Warum friert der *Don-Juan-See* in der Antarktis auch bei Minusgraden von *–30 °C* und weniger nicht zu?

a) Weil der Zufluss vom nahen Gletscher permanent das Wasser in Bewegung hält.

b) Weil Eiswürmer den Seegrund permanent in Bewegung halten.

c) Weil der Salzgehalt sehr hoch ist.

Frage 160 – Obskures und Skurriles

Welche *Hürde* müssen städtische Ehrenbürger beim belgischen Fest *Krakelingen* überwinden?

a) Sie müssen sich vom Volk mit Gebäckstücken, den Krakelingen, bewerfen lassen.

b) Sie müssen aus einem Kelch trinken, in dem kleine Fische schwimmen, und einen davon verschlucken.

c) Sie müssen mit verbundenen Augen den Krakelingen, einem Parcours mit vielen Kurven, durch die Stadt bis zum Rathaus folgen.

Frage 161 Schon gewusst?

Welche ***Besonderheit*** gibt es unter den ***34 Robbenarten*** weltweit?

a) Die einzige Robbenart, die sich vegetarisch ernährt, lebt vor den Galápagos-Inseln.

b) Die einzige Robbenart, die überwiegend an Land und nicht im Wasser jagt, lebt an der Küste vor Kapstadt.

c) Die einzige Robbenart, die im Süßwasser zu Hause ist, lebt im Baikalsee.

Frage 162 Tomaten auf den Augen?

Was ist ***das?***

a) Der Blick durch das größte Kaleidoskop der Welt im niederländischen Utrecht

b) Der Blick durch das größte Teleskop der Welt in der Atacama-Wüste

c) Der Blick auf eine von Menschen gemachte Kunstaktion in Spanien

Frage 163 Superlative der Welt

Wie heißen die ***drei größten Wüsten*** der Erde?

1 ____________ 2 ____________ 3 ____________

Frage 164 – Obskures und Skurriles

Zu welchem ***Zweck*** nutzten Anwohner ***zeitweilig*** einen ***Baobab*** – Affenbrotbaum – in Südafrika?

a) Sie nutzten eine Nische des flaschenförmigen Stamms als Toilette.

b) Sie bauten eine Bar mit Theke und Sitzgelegenheiten in das Innere des Stamms.

c) Sie richteten in die größte Baumhöhle eine Kapelle und Gebetsnische ein.

Frage 165 – Schon gewusst?

Welche ***Legende*** liegt dem Erscheinungsbild der Affenbrotbäume – ***Baobabs*** – in Afrika zugrunde?

a) Wütende Götter haben den Baum aus der Erde gerissen und verkehrt herum wieder eingepflanzt.

b) Die unfruchtbaren, wasserarmen und dürren Gebiete Afrikas entstanden durch die Gier der Einwohner, alles Wasser in den flaschenförmigen Stämmen zu sammeln.

c) Die Götter gaben allen Affen der Welt in Afrika einen geschützten Lebensraum (weit oben), wenn sie stets für ausreichend Brot in der Bevölkerung sorgten.

Frage 166
Wo liegt das?

Wo befindet sich der ***heißeste Ort*** der Erde?

a) Death Valley in der Mojave-Wüste

b) Ahaggar in der Zentralsahara

c) Wüste Lut im Iran

Frage 167
Schon gewusst?

Durch wie viele Staaten führte die ***Route 66,*** bis sie im Jahr 1985 ihren Status als U.S. Highway verlor?

a) 4 b) 8 c) 17

Frage 168
Erbe der Welt

In welchen Ländern gilt der Bau von ***Trockenmauern*** als Immaterielles Kulturerbe der UNESCO?

Tipp:
Es betrifft acht Länder.

Frage 169 Erbe der Welt

Für was ist die Stadt **Aubusson** in Zentralfrankreich berühmt?

a) Teppiche

b) Porzellan

c) Patisserie

Frage 170 Warum? Darum!

Warum kann man in **London** von fast allen Aussichtspunkten und Hochhäusern die **St Paul's Cathedral** sehen?

Frage 171 Erbe der Welt

Was ***sehen*** diese Männer, was wir ***nicht sehen?***

a) Vom Rathausbalkon verteilte Lose der spanischen Lotterie an Neujahr

b) Signierte Autogramme der italienischen Nationalmannschaft nach dem WM-Sieg 2006

c) Traditionelle Teigwaren in Süditalien, die handwerklich geschickt zubereitet werden

Frage 172 Schon gewusst?

Woher stammt der Name der berühmtesten Geige *»Stradivari«?*

a) Der Geigenbauer hieß mit Nachnamen Stradivari.

b) Abgeleitet aus dem Italienischen »stradere vari«, was so viel heißt wie »geschmeidiges Streichen«

c) Die erste dieser Art gebaute Geige stammt aus dem slowenischen Städtchen Stradovari.

Frage 173 Obskures und Skurriles

Welche List wenden *Ziegen* oft auf *kargen Feldern* Nordafrikas an?

a) Sie scharren die Erde um die Wurzeln der Sträucher weg, um an die frischen Wurzelspitzen zu kommen.

b) Sie klettern auf die Bäume und Sträucher, um an die Früchte zu gelangen.

c) Sie lutschen tagsüber permanent an kleinen Steinen, um den Speichelfluss als Durstlöscher anzuregen.

Frage 174 – Erbe der Welt

Was machen die Menschen von Nigeria da?

a) Nach Fischen tauchen

b) Nach Goldklumpen tauchen

c) An rituellen Bade- und Fruchtbarkeitszeremonien teilnehmen

Frage 175 – Obskures und Skurriles

Inwieweit unterscheidet sich der mexikanische Tag der Toten, *Día de los Muertos*, vom amerikanischen *Halloween* und dem europäischen *Allerheiligen*-Feiertag?

a) Mexikaner feiern nicht am 31. Oktober oder 1. November, sondern immer an Vollmond im November.

b) Man feiert in Mexiko nur das Ende der Erntezeit.

c) Die Mexikaner gedenken ihrer Toten, indem sie das Leben feiern.

Frage 176 Erbe der Welt

In Spanien ist der ***Stierkampf*** berühmt, in Nordamerika das ***Rodeo.*** Wie heißt die Tradition in ***Mexiko?***

a) Chorizo b) Caballo c) Charrería

Frage 177 Erbe der Welt

Was ist oder wofür steht ***Punto cubano*** auf Kuba?

a) Ein improvisierter Gesang der Einheimischen, begleitet von Zupfinstrumenten

b) Ein sich verfärbender Punkt im Blech von Getränkedosen, der die Trinktemperatur anzeigt

c) Spitzname für die Oldtimer, weil die meisten Bewohner sich kleinere und wendigere Fahrzeuge wünschen würden

Frage 178 – Wo liegt das?

Wo befindet sich der größte *Palmenhain* Europas ?

a) Bei El Pinar an der Südküste der spanischen Insel El Hierro

b) Auf der Kanarischen Insel Teneriffa im Nationalpark Teide

c) An der spanischen Ostküste nahe Alicante

Frage 179 – Obskures und Skurriles

***Was machen* die Japaner da?**

a) Versuch, mit einer handgewebten Tischdecke in das »Guinnessbuch der Rekorde« aufgenommen zu werden

b) Vorbereitung auf den Staatsbesuch des Kaisers in abgelegeneren Dörfern

c) Traditionelles Finishing beim Weberhandwerk

Frage 180 – Warum? Darum!

Warum stammt der legendäre **_Panamahut_** nicht aus dem gleichnamigen zentralamerikanischen Land?

a) Mit der Unabhängigkeitserklärung 1903 trat Panama das Recht am Handwerk der Strohhüte an Kolumbien ab.

b) Der Hut und sein Name gehen auf die US-amerikanische Fluggesellschaft Pan Am zurück, die den Handel ab 1927 weltweit florieren ließ.

c) Die Arbeiter des Panamakanals trugen den Strohhut zum Schutz und gaben den in Ecuador gefertigten Hüten ihren Namen.

Frage 181 – Schon gewusst?

Worum handelt es sich bei einer **_Marimba?_**

a) Ein traditionelles Holzinstrument

b) Eine traditionelles Rezept

c) Ein traditionelles Heißgetränk

Frage 182 – Schon gewusst?

Woher leitet sich der übersetzte Name *»Gute Lüfte«* für Buenos Aires ab?

a) Von den für die Stadt charakteristischen und heftigen Windböen, die aus den gegensätzlichen Luftströmungen von den Bergen und dem Atlantik entstehen

b) Er stammt aus den Zeiten der Seefahrer und leitet sich von der Schutzheiligen Santa Maria der guten Luft her.

c) Trotz der hohen Bevölkerungsdichte und dem regen Verkehrsaufkommen sorgen zahlreiche Grünanlagen seit jeher für gute Luft.

Frage 183 – Schon gewusst?

***Welcher Fluss* wurde erstmalig von einem *Tunnel* unterquert?**

a) Hudson in New York

b) Seine in Paris

c) Themse in London

Frage **184** Schon gewusst?

Wann trat der ***Orient-Express*** seine erste Reise an?

a) 1841 b) 1883 c) 1907

Frage **185** Wo liegt das?

In welcher Reihenfolge von Nord nach Süd liegen diese ***drei afrikanischen Staaten?***

Kenia – Tschad – Sambia

Frage **186** Schon gewusst?

Wie heißt die ***Hauptstadt*** von Marokko?

a) Casablanca
b) Marrakesch
c) Rabat

Frage 187
Schon gewusst?

Wie heißt die Hauptstadt der *Mongolei?*

Tipp: Der Name beinhaltet insgesamt fünf »A«.

Frage 188
Warum? Darum!

Warum sind die Bananen *grün,* die in der EU verkauft werden?

a) Wegen einer gesetzlichen Regelung

b) Bananen lassen sich im grünen Zustand leichter ernten als bereits reife Bananen.

c) Die gefürchteten Vogelspinnen setzen sich nur an reife Früchte.

Frage 189
Erbe der Welt

Auf welche *tierische Mithilfe* wird bei der Nahrungsbeschaffung im belgischen Oostduinkerke gezählt?

a) Krabbenfischen zu Pferd

b) Weizenanbau mit Schafen

c) Kartoffelanbau mit Käfern

Frage 190 – Wo liegt das?

Welches Bauwerk wird von dieser *Figur* bewacht?

a) Rathaus in Bremen

b) Sagrada Família in Barcelona

c) Notre-Dame in Paris

Frage 191 – Erbe der Welt

Welcher *Funktion* dient dieses Gebäude?

a) Es wird als Kirche in Frankreich genutzt.

b) Es ist ein Schulhaus in Dänemark.

c) Es ist ein Schweizer Museum.

Frage 192 – Erbe der Welt

Was schützt die UNESCO mit *Haithabu?*

a) Ein Reservat für indigene Ethnien in Utah, USA

b) Eine Wikingersiedlung in Nordeuropa

c) Japanische Schreibkunst

Frage 193
Obskures und Skurriles

Welches ***skurrile Wettrennen*** findet jährlich im späten Frühling in England statt?

a) Beer'n Ale Running – mit einem Glas Bier einen Parcours durch Sheffield meistern

b) Cheese Rolling – einen Laib Käse den Hang nahe Gloucester hinunter verfolgen

c) Sheep Creeping – mit einem Schaf auf den Schultern in Glastonbury den Berg erklimmen

Frage 194
Schon gewusst?

Welche ***italienische Familie*** übte ab dem ***15. Jahrhundert*** großen Einfluss auf die Stadtentwicklung von Florenz aus?

a) Visconti

b) Borgia

c) Medici

Frage 195 – Schon gewusst?

Welcher **italienische Künstler** war für die Bemalung der Decke in der **Sixtinischen Kapelle** verantwortlich?

a) Sandro Botticelli
b) Leonardo da Vinci
c) Michelangelo Buonarroti

Frage 196 – Schon gewusst?

Über **wie viele Länder** erstreckt sich das in Asien gelegene Gebirge **Tian Shan?**

a) Zwei
b) Vier
c) Fünf

Frage 197 – Schon gewusst?

In welcher indischen Stadt steht das weltberühmte *Taj Mahal?*

a) Mumbai

b) Agra

c) Delhi

Frage 198 – Warum? Darum!

Warum hat man in früheren Zeiten nicht den eigenen *Geburtstag* gefeiert?

a) Die Menschen durften nur den Ehrentag des Kaisers feiern.

b) Die Menschen wussten ihren eigenen Geburtstag nicht.

c) Die Menschen glaubten, es bringe Unglück.

Frage
199
Superlative der Welt

Wie heißt der nach ***Mount Everest*** und ***K2*** dritthöchste Berg der Welt?

a) Kangchendzönga

b) Lhotse

c) Nanga Parbat

Frage
200
Obskures und Skurriles

Wie lange schaffte es ein Mensch bislang, ***ohne Schlaf*** am Stück wach zu bleiben?

a) 50 Stunden

b) 188 Stunden

c) 266 Stunden

Frage 201 Schon gewusst?

Was feiert ein verheiratetes Paar nach ***12,5 Jahren*** Eheleben?

a) Petersilienhochzeit

b) Baumwollhochzeit

c) Veilchenhochzeit

Frage 202 Obskures und Skurriles

Was benutzen manche Menschen aus dem Volk der Kara in Äthiopien beim Schlafen anstelle von ***Kopfkissen?***

a) Einen Holzschemel

b) Einen Reissack

c) Flauschige Ziegenfelle

Frage 203 Schon gewusst?

Welche Inseln zählt man zu den ***ABC-Inseln?***

a) Antillen, Bahamas, Cayman Islands

b) Antigua, Barbuda, Codrington

c) Aruba, Bonaire, Curaçao

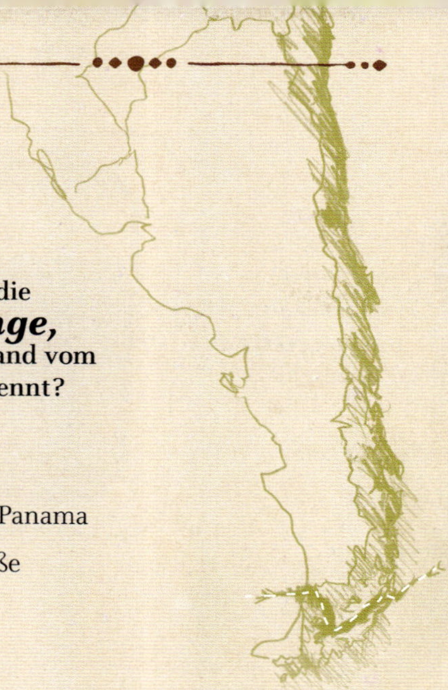

Frage 204 – Wo liegt das?

Wie heißt die ***Meerenge,*** die Feuerland vom Festland trennt?

a) Beringstraße

b) Isthmus von Panama

c) Magellanstraße

Frage 205 – Schon gewusst?

Welchen ***Spitznamen*** trägt die Loschwitzer Brücke in Dresden?

a) Blaues Wunder

b) Goldene Grete

c) Silberlöffel

Frage 206 Schon gewusst?

Wie heißt die norwegische Insel, auf der das legendäre **Nordkap** liegt?

a) Vestvågøy

b) Magerøya

c) Måsøya

Frage 207 Obskures und Skurriles

Welche ***»schlechte Angewohnheit«*** hat eine Spezies der Goldwespen?

a) Sie ist eine »Kuckuckswespe« und legt ihre Eier gerne in fremden Insektennestern ab.

b) Sie lockt mit ihrem gold glänzenden Körper männliche Artgenossen an, um sie nach der Paarung zu verspeisen.

c) Sie legt ihre Eier in das von ihr eingebissene Fleisch von Kühen, deren Wärme die Eier »ausbrütet«.

Frage 208 – Obskures und Skurriles

Wie oder was wird beim *Monkey Buffet Festival* jährlich im November in Thailand gefeiert?

a) Affen bekommen üppig gedeckte Speisetafeln zur freien Kost.

b) Eine Zeremonie mit Opfergaben für den Affengott Hanuman

c) Techno-Festival seit 1993, das seither von Monkey Gin gesponsert wurde.

Frage 209 – Obskures und Skurriles

Die zur englischen Kanalinsel Guernsey gehörende Insel *Sark* hat in einer Kategorie den ersten Platz belegt, welche ist das?

a) Europas erste unbeleuchtete Insel

b) Es leben mehr Schafe als Menschen auf der Insel.

c) Europas Insel mit den meisten Regentagen

Frage **210** *Schon gewusst?*

Von wem stammt das *Zitat?*

»Es gibt keinen Weg zum Frieden, denn Frieden ist der Weg.«

a) Dalai Lama

b) Mahatma Gandhi

c) Nelson Mandela

Frage **211** *Wo liegt das?*

Zwischen dem litauischen Klaipėda und dem russischen Kaliningrad spannt sich eine *Landzunge* wie ein dünnes Seil durch die Ostsee, wie heißt sie?

K_______ N______

Frage **212** *Tomaten auf den Augen?*

Was ist das?

a) Ansicht von unten im Inneren einer Kirche

b) Horizontale Ansicht einer Flugzeugturbine

c) Ansicht von oben auf eine Förderturmplattform

Frage 213 – Obskures und Skurriles

Welches ***besondere Geheimnis*** birgt ein See in Mecklenburg-Vorpommern?

a) Silbermünzen

b) Korallen

c) Seepferdchen

Frage 214 – Wo liegt das?

Wie heißt der ***Meeresarm,*** der Schweden und Finnland trennt?

a) Jadebusen

b) Finnischer Meerbusen

c) Bottnischer Meerbusen

Frage 215 – Obskures und Skurriles

Wie ***schlafen Wale?***

a) Waagrecht nahe dem Meeresboden

b) Senkrecht »stehend« im Wasser

c) Waagrecht nahe der Wasseroberfläche

Frage 216 Wo liegt das?

Zu welchem Land gehört diese Flagge?

a) Indonesien

b) Estland

c) Grönland

Frage 217 Schon gewusst?

Wie unterscheiden sich ***Echte*** und ***Unechte Karettschildkröten?***

a) Die Unechte Karettschildkröte gehört nicht zur Gattung der Meeresschildkröten.

b) Die Echte Karettschildkröte atmet wie Fische mit Kiemen, die Unechte Karettschildkröte ist ein Lungenatmer.

c) Die Panzer haben unterschiedliche Schildmuster.

Frage 218
Tomaten auf den Augen?

Welches Tier hinterlässt hier seine Spuren?

a) Hund
b) Katze
c) Marder

Frage 219
Tomaten auf den Augen?

a) Reh
b) Wildschwein
c) Blässhuhn

Frage 220
Tomaten auf den Augen?

a) Eichhörnchen
b) Kaninchen
c) Haselmaus

Frage
221
Wo liegt das?

Wo liegt der beliebte ***Karhunkierros-Trail?***

a) Paraguay

b) Chile

c) Finnland

Frage
222
Obskures und Skurriles

Im südlichen Schottland gibt es einen Gartenpark mit ***ungewöhnlicher Thematik,*** welche ist das?

a) Das Universum und Schwarze Löcher

b) Das Klonen von schwarzen Schafen

c) Okkultismus und Schwarze Magie

Frage
223
Schon gewusst?

Was ist eine typische wie auch ***eigenwillige Eigenschaft*** der Eibenbäume?

a) Die Wurzeln zapfen unterirdisch Nachbarwurzeln zur Nährstoffgewinnung an.

b) Aus mehreren einzelnen Stämmen bildet sich ein komplexer Hauptstamm.

c) Die Nadeln können sich in wasserreichen Zeiten zu Blättern verwandeln.

Frage 224 Superlative der Welt

Welche *geografische Gegebenheit* gibt es in Slowenien nur ein einziges Mal?

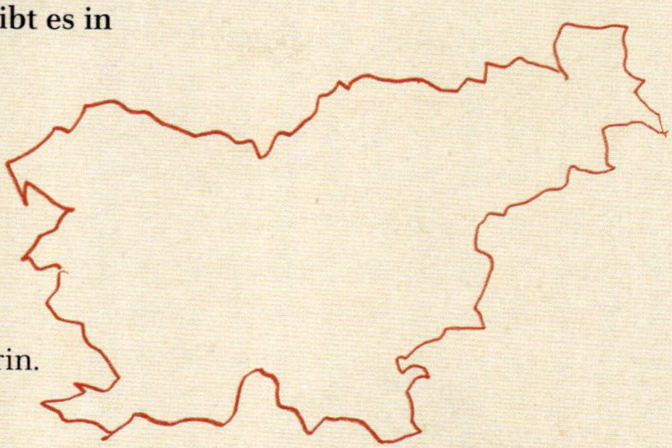

a) Es gibt trotz zahlreicher Flüsse nur einen Wasserfall.

b) Es gibt zahlreiche Seen, aber nur einen See mit einer Insel darin.

c) Es gibt nur einen Ort mit direktem Meerzugang.

Frage 225 Obskures und Skurriles

Was versteht man unter den *»Silent People«* in einer Ortschaft in Finnland?

a) Ein Kunstprojekt mit einem Feld voller Vogelscheuchen

b) Ein Dorfteil, in dem aus religiösen Gründen das Sprechen verboten ist

c) Ein kurioses wie unscheinbares Wachsfigurenkabinett mit verblüffend guten »Doppelgängern«

Frage **226** Wo liegt das?

Wo befindet sich der ***Ponte Tibetano Carasc?***

a) Tibet

b) Schweiz

c) Andalusien

Frage **227** Schon gewusst?

Worum handelt es sich bei ***Eyrarbakki?***

a) Finnisches Süßgebäck

b) Isländische Ortschaft

c) Schwedisches Kinderlied

Frage **228** Superlative der Welt

Der Cuvier-Schnabelwal ist ***Rekordhalter*** in einer Disziplin, in welcher?

a) Tiefseetauchen

b) Höchste Sprünge

c) Zahnwal mit den meisten Zähnen

Frage 229 – Schon gewusst?

Neben dem bekannten *Montjuïc* hat Barcelona noch einen *zweiten Hausberg*, wie heißt er?

a) Gibralfaro

b) Pico Barca

c) Tibidabo

Frage 230 – Tomaten auf den Augen?

Wer hat hier seine *Spuren im Sand* hinterlassen?

a) Eine Krabbe

b) Eine Schildkröte

c) Eine Eidechse

Frage 231 – Wo liegt das?

Wo steht das *älteste Stadttor* der Niederlande?

a) Leiden

b) Den Haag

c) Maastricht

Frage 232 – Wo liegt das?

Wo in Europa kann man ***so schön shoppen?***

a) In der Mädler-Passage in Leipzig

b) In den Galeries La Fayette in Paris

c) Im Victoria Quarter in Leeds

Frage 233 – Obskures und Skurriles

An welchem ***ungewöhnlichen Ort*** in den Niederlanden ist eine Buchhandlung untergebracht?

a) In einem unterirdischen Kanal

b) In einem Gotteshaus

c) In einer historischen Mühle

Frage 234 – Schon gewusst?

Was versteht man unter ***Traboules?***

a) Geheime Gänge in französischen Städten

b) Angelgeräte aus Kokosnussschalen an der Elfenbeinküste

c) Kochgefäße aus Keramik für offenes Feuer in Marokko

Frage **235** Obskures und Skurriles

Eine Inselkette im Pazifischen Ozean, ein Bekleidungsstück und ein Gebäude in Berlin ***teilen sich einen Namen,*** welchen?

Frage **236** Warum? Darum!

Warum heißen in Frankreich die Dachfenster und Luken ***Vasistas?***

Frage **237** Erbe der Welt

Viele Kirchen haben ***Doppeltürme,*** die unterschiedlich gestaltet sind, aber wo steht diese, bei der die ***Abweichungen*** derart markant sind?

Frage 238 Schon gewusst?

Wie heißt die ***Hauptstadt*** der Republik Sudan?

K _ _ _ _ _ M

Frage 239 Erbe der Welt

Welcher ***Schnaps*** hat es zum UNESCO-Weltkulturerbe geschafft?

a) Tequila

b) Obstler

c) Gin

Frage 240 Obskures und Skurriles

Das illustre ***Bonnefanten-Museum*** in Maastricht zeigt historische und zeitgenössische Kunst – woher stammt der originelle Name?

a) Aus dem Französischen: »Bon nef« – solides Boot

b) Aus dem Französischen: »Bons enfants« – gute Kinder

c) Wortkreation des Museumsgründers aus »Bonn« und »Elefanten«

Frage 241 – Erbe der Welt

Welches UNESCO-Welterbe verbirgt sich hinter dem Begriff *Su Nuraxi di Barumini?*

a) Gartechnik über Erdlöchern im Tschad

b) Historische Bollwerke in Italien

c) Handwerkliche Flechttechnik in Peru

Frage 242 – Tomaten auf den Augen?

***Was* könnte hier abgebildet sein?**

Frage 243 – Obskures und Skurriles

Die Seitenkapelle der portugiesischen Igreja de São Francisco in Évora birgt ein *Geheimnis,* welches?

a) Fledermäuse nisten im Dachgebälk.

b) Menschliche Knochen zieren die Wände.

c) Besucher hören Musik, die niemand verorten kann.

Frage 244 – Erbe der Welt

Was versteht man unter dem *persischen Qanat-System?*

a) Eine historische Herrscherdynastie

b) Ein Schul- und Ausbildungssystem für Jungen und junge Männer

c) Ein komplexes Bewässerungssystem

Frage 245 – Schon gewusst?

Worum handelt es sich bei *Footdee?*

a) Ein schottisches Viertel

b) Das essbare Pendant zum Smoothie

c) Ein kanadisches Reservat für indigene Ethnien Amerikas

Frage 246 – Tomaten auf den Augen?

Welches Gebäude in Deutschland weist diese *Bodenmosaike* auf?

Frage
247
Schon gewusst?

Die Wurzeln des italienischen Städtchens ***Orvieto*** reichen weit in etruskische Zeit zurück – wann war die eigentlich?

a) Zwischen 70 und 450 n. Chr.

b) Zwischen 800 und 300 v. Chr.

c) Im 7. bis 9. Jahrhundert n. Chr.

Frage
248
Wo liegt das?

Spanien ist in 17 autonome Regionen unterteilt, wie heißen die mit a) und b) markierten Gebiete?

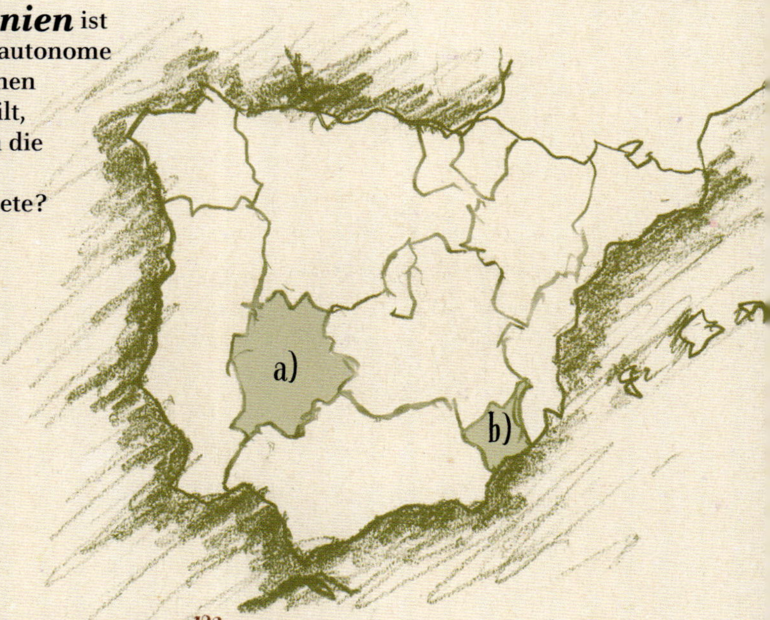

a) 1) Andalusien,
2) Aragonien
3) Extremadura

b) 1) Kastilien,
2) Murcia
3) Asturien

Frage 249 – Schon gewusst?

Die Republik Malta umfasst **drei bewohnte Inseln:** Malta, Gozo und ???

a) Filfla

b) Marsala

c) Comino

Frage 250 – Schon gewusst?

Die beliebten **Urlaubsinseln der Balearen** umfassen fünf bewohnte Inseln: Mallorca, Menorca, Ibiza, Formentera und ???

a) Cabrera

b) Madeira

c) La Gomera

Frage 251 – Obskures und Skurriles

Auf Malta befindet sich eine **fantasievolle Touristenattraktion,** welche?

a) Mini Mouse House

b) Paddington Park

c) Popeye Village

Frage
252
Schon gewusst?

Welche Besonderheit betrifft Hasen und Kaninchen bezüglich ihrer *Atmung?*

a) Die Tiere atmen doppelt so schnell wie Hunde oder Katzen.

b) Die Tiere atmen ausschließlich durch die Nase.

c) Die Tiere atmen nur, wenn sie ihre Nase auf- und abbewegen.

Frage
253
Superlative der Welt

Welches Tier ist der *größte Fisch* der Welt, wer folgt auf Platz zwei und drei?

a) Riesenhai

b) Weißer Hai

c) Walhai

Frage 254 Wo liegt das?

Das Satellitenbild zeigt alle bewohnten ***Ostfriesischen Inseln,*** wo liegt welche?

___Baltrum ___Borkum ___Langeoog ___Norderney ___Spiekeroog ___Juist ___Wangerooge

Frage 255 Wo liegt das?

In welcher Stadt ist diese ***hübsche Häuserzeile*** zu finden?

a) Passau
b) Nancy
c) Pilsen

Für Reiselustige

Lösungen

131

Lösung: c)

Es war tatsächlich Erik der Rote (950–1003), der die arktische Insel Grœnland – »Grünes Land« – nannte. Als der Wikinger sich im 10. Jahrhundert mit anderen Siedlern an dem fruchtbaren Küstenstreifen südlich der heutigen Hauptstadt Nuuk niederließ, wollte er der unwirtlichen Region ein positives Image geben.

132

Lösung: c)

Dem Leipziger Orthopäden Daniel Gottlob Moritz Schreber ging es um die Erziehung von Kindern »durch naturgetreue und gleichmäßige Förderung normaler Körperbildung und lebenstüchtiger Gesundheit«, wie er in seinem Erziehungsratgeber von 1858 schrieb. Das setzte sein Freund Ernst Innozenz Hauschild um, als er vier Jahre nach Schrebers Tod einen Spielplatz gründete, auf dem Arbeitersprösslinge unter Anleitung von Pädagogen spielen konnten. Zu Ehren seines einstigen Mentors nannte ihn Hauschild »Schreberplatz«. Zur Beschäftigung der Kinder kamen Beete hinzu, die zum Vorbild der späteren Schrebergärten wurden.

133

Lösung: c)

Absolute Eyecatcher der Parkanlage sind die sogenannten Supertrees, bis zu 50 Meter hohe pilzförmig gestaltete Stahlgerüste, die allnächtlich farbenfroh illuminiert werden. Doch sie haben auch eine praktische Funktion: Manche dienen zur Pflanzenaufzucht, andere als Wasserspeicher oder als Kühlturm. Zudem sind sie wahre Kraftwerke – über Solaranlagen wird Strom produziert.

134

Lösung: a)

Der endemische Andenbär oder Brillenbär. Er kommt nur hier vor und ist außerdem die einzige Bärenart, die in Südamerika heimisch ist. Zudem ist er der einzige Überlebende der Gattung Kurznasenbären.

135

Lösung: b)

Die Grundlagen der Konvention wurden durch die beeindruckende Solidaritätskampagne zur Rettung der Tempel von Abu Simbel gelegt. Unter UNESCO-Leitung wurden diese 1964 vor der Überflutung infolge des Baus des Assuan-Staudamms gerettet.

136

Lösung: c)

Wer die brasilianischen Metropolen kennt, weiß, dass die meisten Bewohner wenig Platz haben. Für einen eigenen Garten schon gar nicht. Aber eine Wand hat jeder. Auch der Creative Designer und Architekt Rosenbaum. An eine Außenwand in seinem Haus im Stadtteil Itaim Paulista in São Paulo hängte er ein paar Dutzend Plastikflaschen horizontal auf, schnitt größere Öffnungen in die Seiten und bepflanzte sie. Kartoffeln und Kürbisse kann er dort zwar nicht ernten, aber für ein paar Kräuter und Salatblätter reicht es.

137

Lösung: c)

Ein Steg, der durch ein Stück Tropenwald führt, ein von Wasserlilien übersäter Teich, Beete mit Blumen und Kakteen – weit über 1200 Arten gedeihen auf dem Terrain. Stolz und Herzstück ist das sogenannte Orchideorama, eine 20 Meter hohe, wabenartige Dachkonstruktion, die sich über eine Schmetterlingsfarm und die namensgebende Orchideensammlung wölbt. Mit geschätzten 3600 bis 4200 Orchideenarten zählt Kolumbien zu den weltweiten Spitzenreitern. Und einige der schönsten Exemplare findet man auch hier. Um ihnen eine würdige Behausung zu geben, wurde 2006 dieses innovative Konstrukt errichtet.

138

Lösung: c)

El Cementerio de Tulcán: Mit seinen kunstvoll geschnittenen Büschen und Bäumen zählt der Friedhof von Tulcán zu den schönsten Ruhestätten Lateinamerikas. »Er ist so schön, dass er zum Sterben einlädt«, meinte der Schöpfer dieser grünen Skulpturen, José María Azael Franco Guerrero (1900–1985), der langjährige Friedhofsgärtner. Gerade neu angestellt, begann er von 1936 an Zypressen zu pflanzen und sie ab ihrem zehnten Lebensjahr zuzuschneiden. Was daraus geworden ist, fasziniert auch heute noch auf dem acht Hektar großen Gelände mit über 130 grünen Kunstkreationen.

139

Lösung: c)

Ein faszinierender Blick vom Weltall auf die Landschaft der chilenischen Vulkane in den Anden, das vulkanreichste Gebirge der Erde.

140 Lösung: a)

An eine besondere Variante der Bisonjagd erinnert eine über zehn Meter hohe Sandsteinwand in den Porcupine Hills rund 180 Kilometer südlich von Calgary in der Provinz Alberta. Im schnellen Lauf konnten die Tiere die Gefahr nicht rechtzeitig erkennen und stürzten, von nachfolgenden Artgenossen bedrängt, kopfüber in die Tiefe. Dort wurden die Bisons zerlegt und das nicht zum sofortigen Verzehr vorgesehene Fleisch durch Trocknen haltbar gemacht.

142 Lösung: b)

Rauch steigt aus einem Eisturm über der sogenannten Sauna Cave in 3550 Metern Höhe auf dem Mount Erebus auf. Die Hitze des Magmas im Vulkaninneren schmilzt Schnee und Eis unterhalb der Eistürme und lässt Tunnel und Höhlen entstehen. Da die Lufttemperatur meist unter -30 °C liegt, gefriert der Wasserdampf zu Eistürmen.

144 Lösung: c)

Grauer Rücken, weißer Bauch, gro ße Ohren, ein langer Schwanz – das sind die Dickschwanz-Schlafbeutler. Sie leben an der Küste im Südwesten Australiens sowie auf Tasmanien. Mit einer Körperlänge von etwa acht Zentimetern, zu der noch bis elf Zentimeter Schwanzlänge hinzukommen, gelten die Tiere als die kleinsten Beuteltiere weltweit.

PS: Mausopossums werden rund 13 Zentimeter lang, und Schweinsfuß-Nasenbeutler sind leider seit Beginn des 20. Jahrhunderts ausgestorben.

141 Lösung:

Bougainville ist sowohl eine Insel, die zum Archipel der Salomonen gehört, als auch die ursprünglich aus Südamerika stammende und heute in vielen südeuropäischen Ländern Fassaden schmückende Kletterpflanze. Benannt sind beide nach dem französischen Seefahrer und Weltreisenden Louis Antoine de Bougainville (1729–1811).

143 Lösung: b)

Der Afrikanische Elefant ist das größte Landtier der Erde. Im Unterschied zum kleineren Asiatischen Elefanten sind die Ohren und die Stoßzähne viel größer, außerdem hat er zwei Finger am Rüssel. Überschüssige Körperwärme wird über die Ohren abgegeben, denn Elefanten haben keine Schweißdrüsen und können nicht schwitzen. Das Blut in den feinen Adern der Ohren wird so gekühlt.

PS: Wenn wirklich Gefahr in der Luft liegt und Feinde gewittert werden, stellen Elefanten die Ohren als Drohgebärde steil auf und stellen das Wedeln ein.

145 Lösung: b)

Abgeleitet aus dem Altgriechischen heißt »epiphyton« so viel wie »auf der Pflanze«, Epiphyten sind auch als Aufsitzerpflanze bekannt. Zu Land wie zu Wasser existieren solche Pflanzen und erhalten etwa im Regenwald, wenn sie auf höher wachsenden Bäumen sitzen, mehr Licht und Wasser über den fremden Stamm. Gemeinhin gelten sie nicht als Parasiten, da sie ihren Wirtspflanzen keinen Schaden zufügen und deren Nährstoffversorgung nicht anzapfen.

146 Lösung: b)
Geparden können Geschwindigkeiten von bis zu 120 km/h erreichen, allerdings nur auf kurzen Strecken (maximal 500 Meter), mit sensationellen Beschleunigungen innerhalb von fünf Sekunden von Null auf 100 km/h. Der Schwarze Marlin, die zu den Speerfischen gehörende Art, erzielt Höchstgeschwindigkeiten bis zu 130 km/h, dicht gefolgt vom Fächerfisch, dessen Maximalgeschwindigkeit bei etwa 110 km/h liegt. In der Luft gelten Wanderfalken als Nummer eins mit 300 km/h.

PS: Die Rekordgeschwindigkeit von 300 km/h erreicht der Wanderfalke nur, wenn er sich im Sturzflug aus großer Höhe auf die Erde zubewegt.

147 Lösung: a)
Lama (Lama glama), Guanako (Lama guanicoe), Alpaka (Vicugna pacos) und Vikunja (Vicugna vicugna) bilden die Gruppe der Neuweltkamele. Von diesen größten Tieren der Anden sind nur Guanako und Vikunja wildlebend, Lama und Alpaka sind domestizierte Formen des Guanakos und werden als Transport- und Fleischtier (Lama) oder Wolllieferant (Alpaka) gehalten.

PS: Dromedare gehören hingegen zu den sogenannten Altweltkamelen, und Vaquitas sind Schweinswale, die kleinste Art der Wale.

148 Lösung: b)
Wanderalbatrosse, die Vögel mit der größten Flügelspannweite der Welt von bis zu 3,5 Metern, verbringen den Hauptteil ihres Lebens in der Luft bzw. zur Nahrungssuche auf dem Wasser. Nur zum Brüten suchen die Tiere festes Land auf. Der Andenkondor belegt in der Kategorie mit rund drei Metern Spannweite Platz zwei.

149 Lösung: b)
Die Bienenelfe aus der Familie der Kolibris ist der kleinste Vogel der Welt. Das Bienenelfenweibchen misst von der Schnabelspitze bis zum Schwanzende sieben, das Männchen sogar nur 6,3 Zentimeter. Das Gewicht der auch als Elfenkolibris bekannten Vögel liegt bei etwa zwei Gramm. Die Heimat der Bienenelfen ist ausschließlich die Karibikinsel Kuba.

PS: Taubenschwänzchen werden oft mit Kolibris verwechselt, dabei handelt es sich aber um eine sich aus Südeuropa ausbreitende Falterart, deren hochfrequenter Flügelschlag dem eines Kolibris ähnelt.

150 Lösung: b) und c)
Der Engländer Robert Falcon Scott (1868 – 1912) und der Norweger Roald Amundsen (1872 – 1928) lieferten sich zusammen mit ihren jeweiligen Expeditionsteams im Jahr 1911 einen Wettlauf zum Südpol. Der Gewinner dieses spannenden, aber auch tragischen Konkurrenzkampfs war Amundsen, der mit seinen vier Begleitern am 14. Dezember 1911 den Südpol erreichte, die altbewährten Hundeschlitten hatten sich bezahlt gemacht. Der britische Scott hingegen hatte den Ponys und motorbetriebenen Schlitten vertraut, diese versagten jedoch in der Kälte. Auf seinem Rückweg starben er und alle seine Teilnehmer.

151 Lösung:
Speziell in Australien verwendeter Begriff für ein temporäres Wasserloch. Er leitet sich aus der Sprache der Aborigines ab und heißt wörtlich übersetzt in etwa »toter Wasserlauf«.

152 Lösung: b)
Der vulkanische Gebirgsstock Kilimandscharo (Suaheli für »Berg der bösen Geister«) in Tansania ist der höchste Berg und gleichzeitig der größte Gletscher Afrikas. Die kreisrunde Caldera ist hier mit Schnee und Eis bedeckt, allerdings schmilzt der Gletscher in jüngster Zeit zunehmend.

153 Lösung: b)
Das Capybara oder Wasserschwein (Hydrochoerus hydrochaeris) ist das größte lebende Nagetier der Erde. Es ist mit den Meerschweinchen verwandt, auch wenn es in seiner Lebensweise eher an Flusspferde erinnert. Das in den Feuchtgebieten Südamerikas, vor allem im Pantanal beheimatete Säugetier erreicht eine Kopf-Rumpf-Länge von bis zu 1,30 Meter und eine Schulterhöhe von bis zu 60 Zentimetern. Ausgewachsene Männchen bringen 50, Weibchen sogar mehr als 60 Kilogramm auf die Waage.

154 Lösung: c)
Ihre Nester in Form von Hügeln bauen die Termiten, indem sie Erde und Holz zerkauen und das Gemisch mit ihrem Speichel aneinanderkleben. Dieser Abbau von organischem Material ist ein sehr wichtiger Bestandteil eines funktionierenden Ökosystems. Entgegen ihrem schlechten Ruf als Holzzerstörer helfen die emsigen Insekten mit ihrer Arbeit, den Waldboden in ihrem Lebensraum feucht zu halten.

155 Lösung: c)
Da der Erwerb von importierten Neuwagen den Einwohnern Kubas lange verwehrt war, sieht man auf den Straßen Havannas noch viele gut gepflegte Oldtimer. Nach der Machtübernahme Fidel Castros 1959 wurden nicht nur alle Produktionsbetriebe und der meiste Grund und Boden verstaatlicht, sondern Privatleuten wurde auch der Import von Fahrzeugen untersagt. Bis zu diesem Zeitpunkt importierte Fahrzeuge durften jedoch im Privatbesitz verbleiben.

156

Lösung: b)

Luftbildaufnahme des Pantanals während der Regenzeit. Zwischen den etwas höhergelegenen baumbestandenen Bereichen verstreut sieht man zahllose grüne Lagunen. Es handelt sich allerdings nicht um irgendein Sumpfgebiet, es ist das größte Binnenlandsumpfgebiet der Erde im mittleren Südwesten von Brasilien – Pantanal ist das portugiesische Wort für »Sumpf«. Das Feuchtgebiet hat eine Ausdehnung zwischen 140 000 und 195 000 Quadratkilometern und wurde im Jahr 2000 in die Liste des UNESCO-Weltnaturerbes aufgenommen.

PS: Zum Vergleich: Die Nahaufnahme des als Schmuckstein beliebten Minerals Malachit weist tatsächlich eine optische Ähnlichkeit in der Struktur auf:

159

Lösung: c)

Ein See inmitten der Antarktis, der nie zufriert? Klingt unwahrscheinlich, ist aber tatsächlich wahr. Denn der Salzgehalt im Don-Juan-See in Viktorialand beträgt rund 40 Prozent und verhindert, dass das Gewässer zufriert – obwohl es von frostigen Temperaturen bis -40 °C umgeben ist. Im Vergleich: Das Tote Meer hat einen Salzgehalt von 30 Prozent, der afrikanische Assalsee von 35 Prozent.

157

Lösung: b)

Die längsten Flüsse sind nicht unbedingt die wasserreichsten. Der Nil, längster Fluss der Erde, verliert auf seinem Weg bis zur Mündung durch Verdunstung so viel Wasser, dass er sich nur noch mit etwa 2800 Kubikmetern pro Sekunde ins Mittelmeer ergießt – wesentlich kürzere Flüsse bringen es oft auf ein Mehrfaches dieses Eintrags. Der Amazonas ist mit großem Abstand der wasserreichste Fluss der Erde: Mit durchschnittlich 180 000 Kubikmetern ergießt er sich pro Sekunde an seiner Mündung in den Atlantik. An dieser Abflussmenge sind die zehn längsten Nebenflüsse mit 150 000 Kubikmetern beteiligt.

158

Lösung: b)

Die Blätter der Amazonas-Riesenseerose erreichen einen Durchmesser von bis zu drei Metern, die Blüten haben einen Durchmesser von bis zu 40 Zentimetern, damit gilt sie als die Pflanze mit den größten Blättern der Welt. Durch ihre starken Wurzeln kann die Amazonas-Riesenseerose zudem auf ihren schwimmenden Blättern ein Gewicht von bis zu 35 Kilogramm tragen, daher tauchen immer wieder Bilder von Kleinkindern auf einem Seerosenteich auf.

160 Lösung: b)
Das Brot- und Feuerfest zum Winterende scheint auf den ersten Blick nur einen Rückschluss zuzulassen: Die spinnen, die Belgier! Da trinken die als Druiden verkleideten Honoratioren des Städtchens Geraardsbergen aus einem 400 Jahre alten Silberbecher und verschlucken jeweils einen kleinen lebenden Fisch dabei. Und dann fliegen tatsächlich Tausende von Gebäckkringel, aber in eine wogende und wartende Menschenmenge. Denn in einem von ihnen befindet sich ein Gutschein für den »Goldenen Krakeling«, den ein hiesiger Juwelier zur Feier des Festes anfertigt.

161 Lösung: c)
Die Robbenart im russischen Baikalsee ist die einzige Robbenart der Welt, die sich im Süßwasser wohlfühlt. Im Gegensatz zu Bärenarten gibt es bei den Robben keine Pflanzenfresser, alle Arten gehören zu den Raubtieren.

163 Lösung:
Sahara in Nordafrika, 8,7 Mio. km²
Gobi in Zentralasien, 1,3 Mio. km²,
Kalahari in Südafrika, 1 Mio. km²

162 Lösung: c)
Die imposanten Menschentürme blicken auf eine mehr als 200-jährige Geschichte zurück und sind heute fester Bestandteil der katalanischen Kultur. In Katalonien fehlen sie bei keinem Volksfest – die Castells genannten Menschentürme. Stock für Stock bauen die in Vereinen, den Colles, organisierten Castellers ein solches Gebilde aus ihren Körpern auf, indem sie auf die Schultern ihrer Unterleute steigen. Die Basis oder Pinya eines Castells bildet eine vorab festgelegte Anzahl von Personen, die die Castellers der untersten Ebene, die Baixos, halten und stützen. Diese Baixos haben die größte Last zu tragen und sind daher besonders kräftig und stark. Sie bilden zusammen mit den Castellers der oberen Ebenen den Tronc oder Stamm des Turms. Eine Pom de Dalt (Kuppel), die meist von Kindern gebildet wird, schließt das Kunstwerk ab.

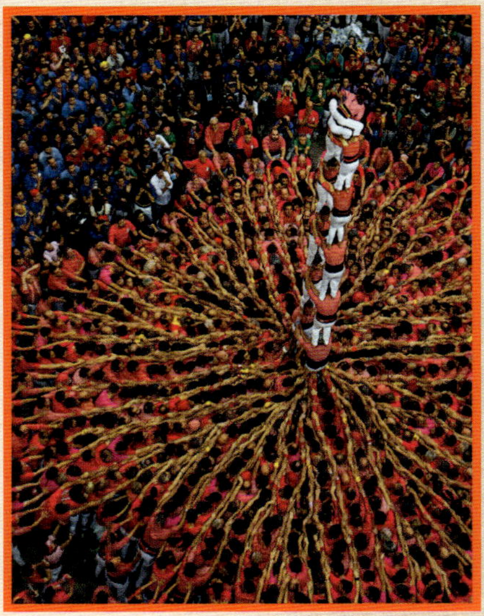

164 Lösung: b)
Der als »Big Baobab« oder auch als »Sunland Baobab« bekannte Baum bei Tzaneen in Südafrika galt mit 22 Metern Höhe und rund 47 Metern Umfang als größter Affenbrotbaum der Welt. 1993 höhlten die Grundstückseigner den Stamm des Baums aus und richteten darin eine Bar inklusive Weinkeller ein. Jahrelang galt der Ort als Besucher-Hotspot und Touristenattraktion, bis der Baum abstarb. Es ist umstritten, ob die skurrile Nutzung dafür mitursächlich war oder ob es sich um ein natürliches Ende handelte.

165 Lösung: a)
Einer der charakteristischsten Bäume des tropischen Afrikas ist der Baobab oder Affenbrotbaum mit seinem eher kurzen, aber sehr kräftigen Stamm und seiner ausladenden Krone. Wenn sie keine Blätter trägt, ähnelt die Baumkrone einer Wurzel – eine Legende besagt, die Götter hätten im Ärger über die Sünden der Menschen den Baobab ausgerissen und verkehrt herum wieder eingepflanzt.

166 Lösung: c)
Die Dascht-e Lut südwestlich des Zagrosgebirges ist die größte Wüste im Iran. Nördlich davon schließt sich die zweite große Wüste des Landes, die Kavir, an. In der Lut finden sich einige sehr hohe Dünen, die es sonst nur in den Ergs der Sahara gibt. Mit Temperaturen bis zu 70,7 °C ist die Lut-Wüste der heißeste Ort der Erde. Bislang fand man hier weder Hinweise auf frühere Besiedlung noch Fossilien, und auch heute noch ist die Wüste menschenleer. Der Ahaggar ist mit ungefähr 300 000 Quadratkilometern die größte Gebirgsregion der Zentralsahara, hier herrschen Temperaturen bis zu 59 °C.

167 Lösung: b)
Der ehemalige U.S. Highway führte von Chicago (Illinois) nach Los Angeles (Kalifornien) und verlief dabei durch die acht Staaten Illinois, Missouri, Kansas, Oklahoma, Texas, New Mexico, Arizona und Kalifornien.

168 Lösung:
Frankreich, Griechenland, Italien, Kroatien, Schweiz, Slowenien, Spanien und Zypern. Trockenmauern prägen bis heute besonders im Mittelmeerraum vielerorts das Landschaftsbild. Seit Jahrhunderten dienen sie dort der Einfriedung von Weiden und der Terrassierung von Hängen für den Wein-, Oliven- oder Reisanbau. Sie sind Teil gewachsener Kulturlandschaften und tragen zu deren Schutz bei. An Hängen errichtet, verhindern sie Erdrutsche oder Lawinenabgänge.

169 Lösung: a)
Die Anfertigung eines künstlerischen Wandbehangs ist sehr arbeitsintensiv und zeitaufwendig. Die Weber von Aubusson arbeiten an einem Flachwebstuhl nach einer zuvor auf Papier angefertigten Vorlage und verwenden dabei ausschließlich von Hand gefärbte Garne. In Aubusson halten nur noch drei Webereien und einige freischaffende Weber die Tradition lebendig. Auch wenn sie alle unter dem leuchtenden Namen Aubusson firmieren, sind die Teppiche dennoch in Farbgestaltung, Größe und Motiv außerordentlich vielfältig.

170 Lösung:
Das Zauberwort heißt »Protected View«, eine rechtliche Anordnung, die besagt, dass von den meisten öffentlich zugänglichen Plätzen in London ein freier Blick auf die berühmte Kirche möglich sein muss. In Parkanlagen sind deshalb oft die Bäume an einer Stelle so geschnitten, dass die Blickachse frei ist. Generell gibt es solche Vorgaben bei der Stadtplanung auch in anderen Städten, London ist das bekannteste Beispiel.

171 Lösung: c)
2017 wurde nach achtjähriger Prüfungszeit die Kunst des Pizzabackens der Neapolitaner in die Liste des Immateriellen Kulturerbes der UNESCO aufgenommen. Das wurde in der Stadt mit Überschwang gefeiert, in den Straßen zeigten die Pizzabäcker – »pizzaioli« – ihr Können.

172 Lösung: a)
Cremona ist als Stadt der Geigenbauer weit über Italien hinaus bekannt. Berühmte Geigenbauerfamilien wie die Amati, Bergonzi oder Guarneri und nicht zuletzt der legendäre Antonio Stradivari (1648–1737) waren hier ansässig.

173 Lösung: b)
Heute wächst der Arganbaum mit seiner ausladenden Baumkrone nur noch im südwestlichen Marokko, im Gebiet der Arganeraie. Die Verarbeitung der Früchte ist Handarbeit. Aber auch die Ziegen der Region haben es geschafft, sich an die Versteppung und den Mangel an Futterpflanzen anzupassen: Sie klettern behende auf die Arganbäume und ernähren sich von deren Blättern und Früchten.

174 Lösung: a)

Argungu ist eine Stadt im Nordwesten Nigerias und liegt am Matan Fada River. Alljährlich Ende Februar treffen sich dort Menschen aus der ganzen Region und aus den Nachbarstaaten zu einem internationalen Fischerei- und Kulturfestival. Beim spektakulären Fischfangwettbewerb dürfen nur die bloßen Hände oder traditionelle Fischerutensilien wie Handnetze oder Kalebassen verwendet werden. Letztere sind ausgehöhlte Flaschenkürbisse, auf die sich die Fischer bäuchlings legen. In dieser Position versuchen sie, nach dem dicksten Fisch zu greifen. Seit 2016 gehört das Fest zum Immateriellen Kulturerbe der UNESCO.

175 Lösung: c)

Im Día de los Muertos verbinden sich prähispanische und christliche Bräuche. Bereits die Azteken glaubten an eine Wiederkehr der Toten aus dem Jenseits und empfingen sie zum Abschluss der Erntezeit Ende Oktober zu einem fröhlichen Fest. Heute werden die mexikanischen Festlichkeiten vom 31. Oktober bis 2. November begangen, die Bewohner heißen die Toten willkommen, indem sie zu Hause Altäre mit Speisen, Getränken und Geschenken aufbauen. In Gedanken ist man für drei Tage wieder vereint, danach werden die Toten zum Friedhof begleitet und bis zum nächsten Jahr verabschiedet.

PS: Das inzwischen weit verbreitete Halloween stammt ursprünglich gar nicht aus den USA, sondern aus Irland. Irische Auswanderer hatten den Brauch mitgenommen und in ihrer neuen Heimat Amerika initiiert.

176 Lösung: c)

Charrería bezeichnet ein ganzes Bündel von Praktiken, die die sogannten Charros, die einst auf den Haziendas Mexikos das Vieh hüteten, beherrschen mussten. Bis zur mexikanischen Revolution (1910–1920) trugen diese Viehhirten untereinander Wettbewerbe aus, in denen sie um die beste Reit- und Dressurtechnik wetteiferten. In den Charreada genannten Turnieren lebt die Tradition heute fort. Seit 2016 gehört die Charrería zum Immateriellen Kulturerbe der UNESCO.

177 Lösung: a)

Punto cubano, der traditionelle Gesang der kubanischen Landbevölkerung, spielt nach wie vor eine wichtige Rolle im Leben der Menschen. Bis heute wird er zu allen möglichen Gelegenheiten, bei privaten wie öffentlichen Zusammenkünften, auf Veranden wie auf Plätzen, als Klage-, Wiegen- oder Hochzeits-, aber auch als Jubellied angestimmt. Die Texte beruhen zwar auf Improvisationen, die strenge, zehnzeilige Strophenform (Décimas) und das Reimschema sind jedoch seit Jahrhunderten vorgegeben. Der Gesang spiegelt das Lebensgefühl der Kubaner, ihre Lockerheit ebenso wie ihre Melancholie und wurde deshalb im Jahr 2017 zum Immateriellen Kulturerbe der UNESCO erklärt.

PS: »Punto glacial« heißt der vor einiger Zeit eingeführte Punkt auf manchen spanischen Bierdosen, der sich von silber zu blau verfärbt, wenn das Getränk als gut gekühlt gilt.

178 Lösung: c)

El Palmeral, der Palmenhain, in Elche, südwestlich von Alicante und im Hinterland der Costa Blanca gelegen, ist mit mehr als 200 000 Exemplaren die größte Palmenpflanzung Europas. Schon vor unserer Zeitrechnung brachten Seefahrer aus dem südlichen Mittelmeerraum Palmen an den klimatisch geschützten Ort Elche. Doch einzig der Stadtplanungskunst der arabischen Baumeister, ihrem ornamentalen Gestaltungswillen und ihrem hoch entwickelten Bewässerungssystem ist die heutige Anlage El Palmeral zu verdanken.

179 Lösung: c)

Wie so viele Handwerkstraditionen ist auch die Stofffertigung aus der Ramiepflanze in Japan vor allem von den industriellen Fortschritten in ihrer Existenz bedroht. In der Region um die Stadt Uonuma im Nordwesten der japanischen Hauptinsel Honshu jedoch stellen vornehmlich ältere Frauen und auch Männer die Stoffe nach wie vor nach dem überlieferten Verfahren in Teamarbeit her. Nach aufwendigen und detailreichen Arbeitsschritten kommt das Finale: Zum Schluss legen die Weber die Stoffbahnen zum Bleichen rund 21 Tage in den Schnee und setzen sie der Sonne aus.

180 Lösung: c)
Hüte aus dem fein geflochtenen Toquilla-Stroh sind in aller Welt als Panamahüte bekannt. Dabei kommen sie gar nicht aus dem zentralamerikanischen Land, sondern werden seit dem 17. Jahrhundert in den ecuadorianischen Provinzen Cañar und Azuay in Handarbeit hergestellt. Dort kultivieren Bauern die Toquilla-Palme, die das Ausgangsmaterial für die Hüte liefert. Die am Panamakanal tätigen Wanderarbeiter schützten sich mit diesen Hüten gegen die Sonne und gaben nach Fertigstellung des Bauprojekts 1913 bei ihrer Heimkehr dem nützlichen Souvenir den Namen Pananamhut.

PS: In Panama ist der Sombrero pintao Kult. Er darf nicht mit dem aus Ecuador stammenden Panamahut verwechselt werden. Der panamaische Strohhut hat eine gänzlich andere Form und weist teilweise dunkle Streifenmuster auf. Seit Generationen stellen Familien in den panamaischen Provinzen Coclé, Herrara, Los Santos und Veraguas die Hüte in Handarbeit her.

184 Lösung: b)
Am 5. Juni 1883 war es so weit: Der Orient-Express startete in Paris zu seiner ersten Reise ans Schwarze Meer. Im Oktober desselben Jahres fand dann die erste offizielle Einweihungsfahrt statt.

181 Lösung: a)
Die Marimba ist ein dem Xylophon ähnliches Schlaginstrument mit Klangstäben aus Holz, die mit einem meist metallenen Schlägel bespielt werden. Von spanischen Kolonisatoren im 16. Jahrhundert verschleppte afrikanische Sklaven, die ihren Peinigern entkommen und unabhängige Gemeinschaften bilden konnten, machten das Instrument zusammen mit den dazugehörigen Tänzen und Gesängen in der Neuen Welt von Ecuador und Kolumbien bekannt.

182 Lösung: b)
Santa Maria del Buen Ayre war für Seefahrer eine wichtige Schutzpatronin, um mit Segelbooten und günstigen Winden sicher wieder in den Hafen zurückzukehren.

183 Lösung: c)
Der Tunnel unter der Themse wurde 1843 als weltweit erster Tunnel unter einem Fluss eröffnet. Zunächst von Fußgängern genutzt, wurde er später zu einem Eisenbahntunnel umgebaut.

185 Lösung:
Von diesen drei Ländern liegt die Republik Tschad am nördlichsten, südlich davon Kenia und am südlichsten Sambia.

186 Lösung: c)
An der Atlantikküste im Nordwesten Marokkos liegt die Hafenstadt Rabat an der Mündung des Bou-Regreg-Flusses. Sie gilt als moderne Hauptstadt mit historischen Kern.

187

Lösung:
Ulaanbaatar

189

Lösung: a)
Oostduinkerke ist der einzige Ort der Welt, an dem eine uralte Form des Fischens bewahrt wurde: das Krabbenfischen zu Pferd. 2013 wurde diese besondere Art der Fischerei, die nur noch von knapp zehn Fischerfamilien beherrscht wird, in die UNESCO-Weltkulturerbeliste aufgenommen.

191

Lösung: a)
Große Berühmtheit hat die Chapelle Notre-Dame-du-Haut in Ronchamp erlangt. Sie gehört zu den 17 Bauten des französischen Architekten Le Corbusier, die von der UNESCO 2016 als Wegbereiter der modernen Architektur in die Welterbeliste aufgenommen wurden.

188

Lösung: a)
Laut der EU-Durchführungsverordnung Nr. 1333/2011 müssen Bananen bestimmte Mindestvoraussetzungen erfüllen. Sie müssen unter anderem »grün, ungereift« sein, »frei von Druckstellen« und »frei von Missbildungen und anomaler Krümmung der Finger«.

190

Lösung: c)
Dieser Wasserspeier, auch als Gargoyle (frz. Gargouille) bekannt, ziert die gotische Kathedrale Notre-Dame de Paris. Ähnliche Exemplare sind vor allem in Frankreich auch an anderen Bauwerken zu finden. Das dämonische Aussehen soll die bösen Geister von der sakralen Stätte fernhalten, zugleich dienen sie als Regenrinne und sorgen so schon mal dafür, dass kein Wasser ins Innere der Gebäude dringt.

192

Lösung: b)
Bedeutender Handelsort und Verkehrsknotenpunkt war die im 10. Jahrhundert in das Befestigungssystem eingebundene Wikingersiedlung Haithabu. Dank ihrer vielen gut erhaltenen archäologischen Funde – darunter Spuren von Straßen, Gebäuden, Friedhöfen und einem Hafen – ist die Welterbestätte ein Zeugnis verschiedener kultureller Traditionen im damaligen Europa. Zwischen dem 8. und 11. Jahrhundert befand sich hier an einer Engstelle zwischen dem Ostseearm Schlei und den Niederungen der Nordsee bei Schleswig im Norden Schleswig-Holsteins der zentrale Knotenpunkt der Handelsnetze zwischen Nord- und Westeuropa.

193 Lösung: b)

Wo das Rennen um den Käse seinen Ursprung hat, ist nicht genau bekannt. Das nimmt den Teilnehmern aber nicht den Spaß, sich jährlich kopfüber den Cooper's Hill hinabzustürzen, um die Verfolgung des rund vier Kilo schweren Gloucester-Käselaibs aufzunehmen. Dieser wird vom Gipfel mit wenigen Sekunden Vorsprung losgerollt. Da der Hang sehr steil ist, kann der Käse eine Geschwindigkeit von über 100 km/h erlangen – für die Verfolger also eigentlich unmöglich, ihn einzuholen. Aber es zählt der Ehrgeiz und die Waghalsigkeit, denn Blessuren sind dabei unvermeidlich.

194 Lösung: c)

Über Generationen hinweg bestimmte die Familie der Medici die Geschicke von Florenz. Ihren Aufstieg begründete Giovanni (1360–1429), der sein Vermögen vor allem durch Bankgeschäfte mit dem Papst vergrößern konnte. Gian Gastone (1671–1737) war der letzte einflussreiche Großherzog aus dem Haus Medici.

195 Lösung: c)

Michelangelo Buonarroti (1475–1564) ist neben Leonardo da Vinci wohl der bedeutendste Künstler der italienischen Hochrenaissance. Im Auftrag von Papst Julius II. schuf Michelangelo – wie er meist in Kurzform bekannt ist – in der Zeit zwischen 1508 und 1512 das Fresko. Insgesamt bedecken die fantastischen Malereien eine Fläche von rund 520 Quadratmetern, weltberühmt ist dabei die Szene der Erschaffung Adams durch Gott, indem er den Finger ausstreckt und Adam berührt.

196 Lösung: c)

China, Usbekistan, Tadschikistan, Kirgisistan, Kasachstan

197 Lösung: b)

Eines der schönsten Bauwerke islamischer Architektur ist das Grabmal, das der Großmogul Shah Jahan für seine 1631 gestorbene Gattin im nordindischen Agra errichten ließ. Bereits seit 1983 gehört die Stätte zum UNESCO-Weltkulturerbe.

198 Lösung: b)

Erlaubt wäre die eigene Geburtstagsfeier schon gewesen, aber da das gemeine Volk nicht lesen oder schreiben konnte, waren die eigenen Geburtstage auch nicht vermerkt. Die meisten Menschen wussten also schlichtweg ihr Geburtsdatum nicht.

199 Lösung: a)

Der Nationalpark rund um den 8586 Meter hohen Kangchendzönga an der Grenze des indischen Bundesstaates Sikkim und Nepal umfasst eine Fläche von fast 850 Quadratkilometern.

200 Lösung: c)

Elf Tage und Nächte ohne Schlaf – das ist Weltrekord! Der Brite Tony Wright schaffte das Unmögliche und blieb ganze 266 Stunden wach. Was für Normalsterbliche schon nach einer durchzechten Nacht wahnsinnig klingt, gelang dem Briten scheinbar mühelos. Mit Hilfe der richtigen Ernährung (nur Obst und rohes Gemüse) entwickelte er eine spannende These: Jede Gehirnhälfte hat ihr eigenes Schlafbedürfnis. Durch das Umschalten auf die jeweils wachere Hälfte kann er länger wach und leistungsfähig bleiben. Bei Wissenschaftlern ist seine Theorie umstritten – eindeutig ist aber der Weltrekord. Zuvor hielt diesen der US-Amerikaner Randy Gardener mit 264 Stunden.

201 Lösung: a)

Das wohl einzige Jubiläum, das nicht am Hochzeitstag selbst stattfindet, ist die Petersilienhochzeit nach 12,5 Jahren Ehe und damit die Hälfte bis zum berühmten 25. Jubiläum, das als silberne Hochzeit in der Regel groß gefeiert wird. Warum man den Tag ausgerechnet nach einem Küchenkraut benannte, ist schnell erklärt. Petersilie galt bereits in der Antike als reinigend, und ihre grüne Farbe steht für die Hoffnung. Nicht zuletzt steht sie für die nötige Würze, mit der man nun die nächsten 12,5 Jahre bis zur silbernen Hochzeit in Angriff nimmt.

202 Lösung: a)

Was uns wohl kaum einschlafen ließe, ist für diesen Mann aus dem Volk der Kara in Äthiopien offensichtlich äußerst bequem: eine selbstgeschnitzte Kopfstütze aus Holz.

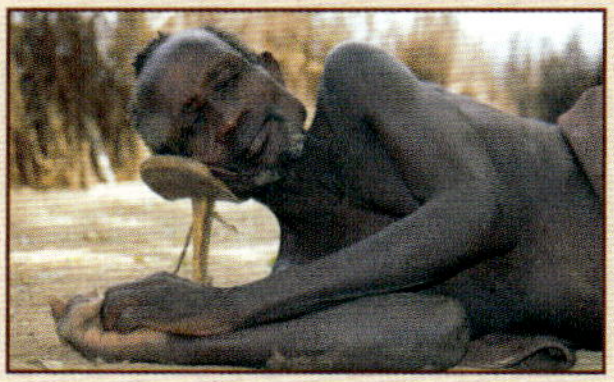

203 Lösung: c)

Sie liegen nördlich vor der Küste Venezuelas und zählen geografisch zu den sogenannten Inseln unter dem Wind. Politisch sind sie autonome Länder innerhalb des Königreichs der Niederlande.

204 Lösung: c)

Der Archipel Feuerland wird durch die Magellanstraße von Argentinien und Chile getrennt, die sich Feuerland territorial aufteilen.

205 Lösung: a)

Ein Wahrzeichen der Elbmetropole ist die Stahlkonstruktion mit dem Spitznamen »Blaues Wunder«. Einer Legende nach war die Brücke einst grün gestrichen und färbte sich witterungsbedingt eines Nachts blau – demnach wäre sie ein wahres »blaues Wunder«!

206

Lösung: b)

Das Nordkap auf der Insel Magerøya ist das Sehnsuchtsziel aller Norwegenfans und Mittsommernachtsreisenden: Auf dem Felsplateau ist die Mitternachtssonne vom 14. Mai bis zum 30. Juli sichtbar. Viele Reisende kommen per Schiff, und auch auf dem Landweg ist das Nordkap seit 1999 gut zu erreichen – über den 6875 Meter langen unterseeischen Nordkaptunnel und den 4443 Meter langen Honningsvågtunnel.

207

Lösung: a)

Ihr Körper schimmert golden und metallic, weshalb sie als Goldwespe oder im Englischen als »Emerald wasp« (Smaragdwespe) bekannt ist. Die Spezies Chrysis ruddii legt ihre Eier in Fremdnester, bevorzugt in die Lehmnester von Töpferwespen, daher ist sie auch als »Kuckuckswespe« bekannt. Dort frisst die frisch geschlüpfte Wespe die Larven der rechtmäßigen Nestbewohner samt Nahrungsvorräten.

208

Lösung: a)

Hoch aufgetürmte Melonen, kiloweise Nüsse und leckere Äpfel: Die etwa 3000 Makaken dürfen sich beim alljährlich stattfindenden Monkey Buffet Festival im November vor allem mit Obst und Gemüse den Bauch vollschlagen. Seit 1989 werden etwa vier Tonnen Essen in Lopburi in Thailand liebevoll für die Tiere arrangiert – ein Schlemmerfest für die Makaken und inzwischen eine einmalige Touristenattraktion im Tempel von Phra Prang Sam Yot.

209

Lösung: a)

Gerade mal 5,5 Quadratkilometer ist die Kanalinsel Sark groß. Kein Auto, keine Straßenlaterne stören das gemächliche Leben der gut 500 Insulaner. Und das ist der Grund, dass das nachtdunkle Eiland 2011 als erste »Dark Sky Community« Europas anerkannt wurde. Die Initiative ruft weltweit Orte dazu auf, der Lichtverschmutzung – bei der natürliches Licht gegen künstliches Licht kämpft – entgegenzuwirken.

210

Lösung: b)

Mahatma Gandhi (1869-1948) war ein indischer Rechtsanwalt, Publizist, Morallehrer, Asket und Pazifist, der zum geistigen und politischen Anführer der indischen Unabhängigkeitsbewegung wurde.

213

Lösung: b)

Der Schmale Luzin erstreckt sich in der ursprünglichen Natur der Feldberger Seenlandschaft, die wiederum im Osten des Müritz-Nationalparks liegt. Schnorchler kommen hier ebenso auf ihre Kosten wie Taucher, denn ein Highlight des Schmalen Luzins befindet sich in der sogenannten Hechtbucht nahe am Ufer und in geringer Wassertiefe: Kaltwasserkorallen. Die sensiblen Süßwasserschwämme, auch als »Korallen des Nordens« bekannt, finden dort an den zahlreichen ins Wasser gefallenen Bäumen optimalen Lebensraum. Ihre verzweigten Äste bewegen sich sanft in der Strömung, und in ihrem leuchtenden Grün verbergen sich Hechte, Aale und Zander.

214

Lösung: c)

Der Bottnische Meerbusen ist der nördliche Ausläufer der Ostsee zwischen Schweden und Finnland.

PS: Der Finnische Meerbusen trennt Finnland von Estland, und der Jadebusen liegt in der Bucht vor Wilhelmshaven.

211

Lösung:

Kurische Nehrung

212

Lösung: a)

Anfang des 20. Jahrhunderts errichtete man die Kirche von Kiruna nach Plänen des schwedischen Architekten Gustaf Wickmans. Der Baustil gilt als einzigartige Verbindung aus amerikanischer Holzbauweise und den in Norwegen berühmten Stabkirchen. Der Blick zur Kirchendecke ist so ungewöhnlich wie spannend. Außen sieht sie so aus:

215 Lösung: b)

Pottwale schlafen in einer ungewöhnlichen Position, nämlich vertikal. Insgesamt verbringen sie etwa sieben Prozent des Tages so. Meistens schlafen sie auch nicht allein, sondern in Gruppen von fünf oder sechs Walen knapp unter der Meeresoberfläche. Im Gegensatz zu Walen in Gefangenschaft, die jeweils mit einer Hirnhälfte schlafen, sollen die in freier Wildbahn lebenden Wale in einen tieferen Schlaf fallen – zumindest zwei Stunden lang, bis sie wieder Luft holen müssen.

216 Lösung: c)

Erst seit 1985 weht diese Flagge für das autonome Grönland, die Farben Rot und Weiß symbolisieren aber noch die Zugehörigkeit zum Königreich Dänemark, das bis 1953 Kolonialmacht besaß. Die Streifen der heutigen Flagge stehen für Gletscher und Ozean, die Halbkugeln für Fjorde und Eis.

217 Lösung: c)

Die Unechte Karettschildkröte hat fünf Paar Rippenschilde, die Echte Karettschildkröte dagegen nur vier. Beide besitzen Panzer mit dem früher begehrten Schildpatt, das der Echten Karettschildkröte ist allerdings oft noch edler gestaltet.

PS: Unechte Karettschildkröten kommen auch im Mittelmeer vor, die Echten sind nur in tropischen und karibischen Gefilden heimisch.

218 Lösung: b)

Egal ob Luchs, Wild- oder Hauskatze – bei den Katzen sind die Pfotenabdrücke der Zehen als Halbkreis um den Ballen angeordnet. Die Krallen sind fast immer eingezogen und drücken sich deshalb nicht ab – im Gegensatz zu den Spuren, die Hunde oder Marder hinterlassen.

219

Lösung: a)

Rehe hinterlassen pro Bein jeweils zwei nebeneinanderliegende Zehen- oder Hufabdrücke. Man zählt sie auch zu den Paarhufern. Der Abdruck des Rehhufs ist nur etwa so lang wie ein Fingerglied. Bei Wildschweinen drücken sich hinter den Hauptzehen außerdem noch die äußeren Zehen ab. Diese werden Afterklauen genannt. So entstehen pro Bein vier Abdrücke.

220

Lösung: b)

Feldhase, Schneehase und Kaninchen hinterlassen Spuren mit Zehenabdrücken, die vorne spitz zulaufen können. Charakteristisch ist, dass sich bei den Hinterfußspuren die ganze Sohle abbildet, während es vorne nur Zehenballen und Zehen sind. Die langen Abdrücke der Hinterfüße liegen fast immer vor den Vorderfüßen (sie betreiben quasi Bockspringen zur Fortbewegung).

PS: Für die Haselmaus würde hier die markante Schwanzspur fehlen, Eichhörnchen dagegen hinterlassen sichtbare Krallenspuren.

221

Lösung: c)

Der 82 Kilometer lange Karhunkierros-Trail in Finnland führt durch eine wilde Wald- und Flusslandschaft. »Meister Petz« gab dem bekannten Wanderweg im Oulanka-Nationalpark seinen Namen, übersetzt heißt Karhunkierros »Bärenrunde«. Es handelt sich aber um keinen Rundweg, sondern um einen Fernwanderweg, und Bären sieht man eher selten – dafür jede Menge urwüchsige Natur.

222 Lösung: a)

Im Garden of Cosmic Speculation in Dumfries spazieren Besucher durch ein eher pflanzenarmes Terrain. Wer typisch englisches Cottage-Garden-Feeling sucht, wird enttäuscht. Um diesen Garten zu verstehen, lässt man am besten seinen Schöpfer, den 2019 verstorbenen US-Amerikaner Charles Jencks zu Wort kommen: »Eine Wasserkaskade von Stufen erzählt die Geschichte des Universums; eine Terrasse zeigt die Verzerrung von Raum und Zeit durch ein Schwarzes Loch; ein Quark Walk führt den Besucher auf eine Reise zu den kleinsten Bausteinen der Materie, und eine Serie von Landformen und Seen erinnert an die fraktale Geometrie«, schreibt er auf seiner Webseite.

Geometrische Muster, scharfe Kanten und eine Mischung aus verschiedenen Materialien – die Symmetry Break Terrace ist Teil einer Ausstellung über die Ursprünge unseres Universums.

223 Lösung: b)

Einzelne Stämme der Eibe können miteinander verwachsen und sich zu sogenannten Komplexstämmen vereinen, was zu den beträchtlichen Umfängen mancher Eiben führen kann.

224 Lösung: b)

Am östlichen Rand des Triglav-Nationalparks liegt das Städtchen Bled. Doch die beliebteste Sehenswürdigkeit ist nicht der Ort, sondern der wundervolle See mit der kleinen Insel, die die einzige Insel des ganzen Landes darstellt. Dort befindet sich die berühmte Kirche Mariä Himmelfahrt, zu der man sich mit einer Pletna, den typischen Bleder Booten, rudern lassen kann.

225 Lösung: a)

Ein wenig makaber und unheimlich wirken die zahlreichen Vogelscheuchen, die ein Feld rund 30 Kilometer nördlich von Suomussalmi direkt an der Staatsstraße 5 bevölkern. Wenn man in der Nähe ist, sollte man dieses skurrile Kunstwerk unbedingt betrachten. Die Installation schuf der in Helsinki geborene Künstler Reijo Kela 1988, seitdem kommen jährlich neue Figuren hinzu … »The Walking Dead« lässt grüßen.

226 Lösung: b)

Mit einer Länge von 270 Metern gehört sie zu den längsten Brücken der Schweiz und verbindet die beiden Hänge von Sementina und Monte Carasso. Obwohl das Überqueren der Brücke in luftiger Höhe eine wackelige Angelegenheit ist, gibt es jedoch aufgrund der beträchtlichen Sicherheitsmaßnahmen keinen Grund zur Sorge. Die Brücke wurde einst gestiftet, um den Tourismus in die abgelegenen Orte zu locken – mit großem Erfolg.

227 Lösung: b)

Das 550 Einwohner zählende Eyrarbakki ist heute ein gemütliches Dorf. Bunt gestrichene Holzhäuser erinnern an seine Blütezeit, denn einst war es größter Handelsplatz und Hafen an Islands Südküste.

228 Lösung: a)

Ein Cuvier-Schnabelwal, den Wissenschaftler mit einem Tiefenrekorder markiert hatten, hält derzeit den Rekord im Tieftauchen: 3000 Meter. Dabei ist das Tier 222 Minuten unter Wasser geblieben. Es ist nicht unwahrscheinlich, dass Wale noch tiefer tauchen können. Dazu müssten die Tiere aber zuvor mit einem Messgerät ausgestattet werden. Der eigentümliche Name erinnert an den württembergisch-französischen Naturforscher Georges Cuvier (1769–1832), der den wenig bekannten Wal 1823 erstmals beschrieb.

PS: Zum Vergleich die Daten anderer Meeressäuger: Südliche See-Elefanten tauchen bis zu 2000 Meter tief, andere Robbenarten um die 1000 Meter.

229

Lösung: c)

Der 173 Meter hohe Montjuïc wurde durch die Weltausstellung 1929 berühmt, der weniger bekannte »Hausbergbruder« Tibidabo misst dagegen 512 Meter Höhe und gilt damit auch als höchster Gipfel der Bergkette Serra de Collserola.

230

Lösung: b)

Die verräterischen Spuren im Sand wurden von einer frisch geschlüpften Meeresschildkröte auf ihrem Weg ins Meer hinterlassen.

231

Lösung: c)

Im 13. Jahrhundert erteilte Hendrik I. die Erlaubnis zum Bau – seitdem befindet sich das stattliche Helpoort, das »Höllentor«, an seinem Platz und ist damit das älteste erhaltene Stadttor der Niederlande. In Maastricht ist es zudem das einzige Tor, das von der einstigen Stadtmauer übrig geblieben ist.

232

Lösung: c)

Die glamourösen Shoppingpassagen des Victoria Quarter wurden gegen Ende des 19. Jahrhunderts von dem Theaterarchitekten Frank Matcham geschaffen und offenbaren dessen Gespür für überwältigende Inszenierungen. Die opulente Verwendung von buntem Marmor, die Säulen, Arkaden, Piazzen, Springbrunnen und Balkone zeigen den viktorianischen Stil in seiner reinsten Form.

233

Lösung: b)

In die Dominikanerkirche von Maastricht, die schon seit der Französischen Revolution nicht mehr als Kirche dient, ist vor einigen Jahren eine Buchhandlung eingezogen: Dominicanen, die zu den schönsten der Welt gehört. Die Regale wachsen, wie das gotische Maßwerk um sie herum, in die Höhe. Es gilt, schwindelfrei zu sein, wenn man sich selbst Bücher aus den oberen Reihen holen möchte. In dem heiligen Ambiente wird auch das Verhältnis zur gedruckten Ware wieder ein anderes. Die Anwesenheit des Ladens entweiht nicht den Kirchenraum, sondern wertet die Bücher auf, die hier verkauft oder auch vor Ort gelesen werden.

234 Lösung: a)

Les Traboules sind ein Netz aus versteckten Gängen und Abkürzungen, die Gassen und Gebäude miteinander verbinden. Die Wortschöpfung bedeutet frei übersetzt etwa »Durchqueren«. Das Labyrinth der Geheimgänge führt meist durch wunderschöne Kreuzgewölbe, blumenbepflanzte Innenhöfe und malerische Treppenhäuser. Besonders viele Traboules findet man in Lyon auf dem Berg Croix Rousse und in der Altstadt Vieux Lyon.

235 Lösung:

Bikini. Das Atoll mit rund 23 Inseln erlangte mit Atombombentests ab 1946 und mehrfachen Umsiedlungen der indigenen Bevölkerung traurige Berühmtheit. Nichtsdestotrotz wurde der Name für den ersten zweiteiligen Badeanzug verwendet. In Berlin lockt das denkmalgeschützte Bikini-Haus mit einer bunten Einkaufspassage, im Gebäude wurde in der Nachkriegszeit Damenoberbekleidung gefertigt.

236 Lösung:

Der Legende nach kamen Deutsche einst nach Frankreich zu Besuch, sahen zum ersten Mal die dort üblichen, im Dach eingelassenen Fenster und fragten wiederholt: »Was ist das?«. Ob den Franzosen der Begriff gut gefiel oder sie sich insgeheim lustig machten, bleibt ihr Geheimnis. Tatsache ist, dass die Dachfenster bis heute »Vasistas« heißen.

237 Lösung:

Das Wahrzeichen von Krakau ist zweifellos die Marienkirche mit ihren unterschiedlich gestalteten Türmen und der fantastischen Innenausstattung. Sie gehört als Teil der Krakauer Altstadt bereits seit 1978 zum UNESCO-Weltkulturerbe.

238 Lösung:

Khartum

PS: Der Südsudan hat sich 2011 nach einem Unabhängigkeitsreferendum als selbstständiger Staat von der Republik Sudan abgespalten.

239

Lösung: a)

Der mexikanische Ort Tequila, Namensgeber des beliebten alkoholischen Getränks, nahe der pazifischen Küste bildet das Herz einer Kulturlandschaft, die im Zeichen der Blauen Agave und des aus ihrem ananasförmigen Inneren gewonnenen Branntweins, des Mezcals, steht. Seit 2006 gehören die Agavenfelder und Produktionsstätten von Tequila zum UNESCO-Weltkulturerbe. Zum Areal gehören die Siedlungen Tequila, Arenal und Amatitán mit ihren großen, teilweise noch heute in Betrieb befindlichen Brennereien und zahlreichen Haciendas, von denen manche bis ins 18. Jahrhundert zurückreichen.

240

Lösung: b)

Zwischen Gründung 1884 und Neubau 1995 zog das Museum mehrmals um, in den Jahren ab 1951 war es in einem Kloster für Kindererziehung untergebracht, dem Couvent des bons enfants (»Kloster der guten Kinder«) – daraus entstand die Verballhornung »Bonnefanten«. Der Name erhielt sich auch nach dem erneuten Umzug.

241

Lösung: b)

Su Nuraxi di Barumini, die Nuraghen von Barumini, sind aus Steinblöcken errichtete bienenkorbartige Steintürme auf Sardinien, die aus der Zeit der Bonnanaro- und der Nuraghen-Kultur (1800–250 v. Chr.) stammen.

242 Lösung:

Zugegebenermaßen eine etwas ungewöhnliche Perspektive zweier Pelikane, genauer gesagt: Krauskopfpelikane. Diese Tiere haben vor allem in Südosteuropa und der Mongolei ihren Lebensraum.

243 Lösung: b)

Um das Jahr 1600 wurde an das rechte Querschiff der Kirche die Knochenkapelle, Capela dos Ossos, angebaut: Wände, Pfeiler und Gewölbebögen der Kapelle wurden von Franziskanermönchen mit den Schädeln und Knochen von Abertausend Verstorbenen verkleidet, die fein säuberlich übereinandergeschichtet wurden. Begrüßt werden die Besucher der Kapelle von einer über dem Eingang angebrachten Inschrift: »Nós ossos que aqui estamos pelos vossos esperamos« – »Wir, die hier versammelten Gebeine, warten auf die euren.«

244 Lösung: c)

Aus historischen Quellen wissen wir, dass Qanate auf dem Gebiet des heutigen Iran schon 2000 v. Chr. angelegt wurden. Mit diesem ausgeklügelten Bewässerungssystem kann Grundwasser, das in einem in einer höheren Lage errichteten Mutterbrunnen gewonnen wird, über unterirdische Kanäle zu den tiefer gelegenen Wohnsiedlungen und auf landwirtschaftlich genutzte Flächen geleitet werden. Im Iran gibt es mehr als 20 000 Qanate, die seit 2016 zum UNESCO-Weltkulturerbe zählen.

246 Lösung:

Die Römerquelle am Kurhaus von Bad Ems ist eine von 15 Heilquellen, aus denen alkalisch-muriatische Thermalsäuerlinge hervorsprudeln. Umgeben von einem kleinen, mit Mosaik besetzten Säulenpavillon direkt an der Lahn sucht sich das 42 °C heiße Heilwasser, das besonders bei Verdauungsbeschwerden helfen soll, seinen Weg an die Oberfläche. Besucher sind herzlich zu einem kostenlosen Probeschluck eingeladen.

245 Lösung: a)

Footdee, gesprochen »Fittie«, war einst die ärmliche Fischersiedlung von Aberdeen, heute ist es ein Geheimtipp unweit des Hafens und der Uferpromenade. Die traditionellen Cottages sind geblieben, mit bunten Farben und viel Liebe wurde ihnen neues Leben eingehaucht. Einen entspannten Spaziergang durch das Viertel sollte man nicht verpassen. Etymologisch ist die Namensherleitung nicht eindeutig, eventuell stand der nahe gelegene Fluss Dee oder ein Heiliger namens Fittick Pate.

247 Lösung: b)

Das antike Volk besiedelte zwischen 800 und 300 v. Chr. vor allem die Gebiete in Italien, die heute als Toskana, Umbrien und Latium bekannt sind.

248 Lösung:

a) 3 und b) 2

249 Lösung: c)

Die kleinste der maltesischen Hauptinseln ist ein beliebtes wie geheimes Ausflugsziel für Urlauber, die wandern und schnorcheln wollen. Die Einwohnerzahl liegt heute allerdings nur noch bei zwei Ortsansässigen.

250 Lösung: a)

Cabrera ist nur gute 15 Quadratkilometer groß, gilt aber mit rund 20 Einwohnern als die fünfte bewohnte Insel der Balearen.

251 Lösung: c)

Malta erlangt mehr und mehr Beliebtheit als Drehort für Kinofilme. Das Potenzial der Insel hat als einer der ersten Robert Altman erkannt, als er 1979 den Film »Popeye« dort drehen ließ. Das Filmdorf des Sets ist bis heute erhalten und in einen Freizeitpark umgewandelt worden.

252 Lösung: b)

Kaninchen und Hasen gehören zu der seltenen Spezies im Tierreich, die nicht über den Mund atmen können, die Atmung erfolgt ausschließlich über die Nase. Daher sind nasale Infekte lebensgefährlich für die Mümmler.

PS: Das Auf- und Abbewegen verändert tatsächlich abwechselnd das Tempo, das hat aber nichts mit der Atemstärke zu tun, sondern zeigt lediglich den Ruhe- bzw. Unruhezustand an. Bei Aufregung vibriert die Kaninchen- und Hasennase förmlich.

253

Lösung:
Platz eins: Walhai
Länge bis 18 m,
Gewicht bis 13 t

Platz zwei: Riesenhai
Länge bis 15 m,
Gewicht bis 7 t

Platz drei: Weißer Hai
Länge bis 8 m,
Gewicht bis 3 t

Der Walhai (»Rhincodon typus«) ist der größte Fisch der Erde – er ist der Gigant unter den Meerestieren. Er lebt in Gruppen in den tropischen und subtropischen Gebieten der Ozeane nördlich und südlich des Äquators. Trotz ihrer Furcht einflößenden Größe sind Riesenhaie (»Cetorhinus maximus«) keine Räuber der Meere. Sie sind auch für den Menschen nicht gefährlich. Nach den Walhaien sind sie die zweitgrößte Fischart der Erde. Dramatisch in einem Film von Steven Spielberg in Szene gesetzt, löst kein anderer Raubfisch so viel Angst und Horror aus wie der Weiße Hai (»Carcharodon carcharias«). Surfer und Schwimmer sehen für ihn von unten betrachtet genauso aus wie Seehunde, die seine natürlichen Beutetiere darstellen, daher kommt es immer wieder zu den Unfällen.

254

Lösung:
A = Borkum, B = Juist,
C = Norderney, D = Baltrum,
E = Langeoog, F = Spiekeroog,
G = Wangerooge

Die hellblauen Farbtöne zwischen den Inseln und dem Festland zeigen die feinen Sedimentumlagerungen des Wattenmeers, die von dunkleren Wasserrinnen, den Prielen und Flussmündungen, unterbrochen werden. Nahezu weiß erscheinen die Sandbänke sowie die Strände und Dünen auf der der Nordsee zugewandten Seite der Inseln.

255

Lösung: c)

Das Stadtzentrum Pilsens beglückt Besucher und Einheimische mit seinen bunten Häuserfassaden.

Den höchsten Berg eines Landes erklommen, entlegenste Dörfer eines Kontinents erreicht, wilde Tiere auf Safaris beobachtet – und der Reisepass ist schon wieder voll mit Visumsstempeln ferner Staaten. Hier zeigt sich die beeindruckende Fährte der echten Globetrotter, bunten Weltenbummler und rastlosen Reisefüchse – willkommen bei Level 3!

Auch Weltenbummler, die mehr Zeit unterwegs als zu Hause verbringen und mit Hauptstadtnamen und Flusslängen verbal jonglieren können, werden hier ab und zu an ihre Grenzen stoßen. Aber mal ehrlich, wer gern unbekanntes Terrain betritt, weiß fehlgeschlagene Wege als Herausforderung für den nächsten richtigen Abzweig zu nehmen. Und jedes gewonnene Wissen ist ein Schritt weiter in die große weite Welt.

Gute Reise!

Für
Weltenbummlerinnen
und
Weltenbummler

Frage 256 Schon gewusst?

Welche Inschrift findet man in Stein gehauen im ***Botanischen Garten in Uppsala?***

a) »Omnia mirari etiam tritissima« – »Wundere dich über alles, auch über das Alltäglichste«.

b) »Contra vim mortis non est medicamen in hortis« – »Gegen den Tod ist kein Kraut gewachsen«.

c) »De cultura hortorum« – »Von der Pflege der Gärten«

Frage 257 Obskures und Skurriles

Migranten im Vorgarten – Woher kommt der ***Gartenzwerg?***

a) In anatolischen Bergwerken arbeiteten einst zwergwüchsige Sklaven, deren Zauberkräfte man fürchtete. Daher wurden kleine Statuen als Schutzgeister aufgestellt.

b) Zu DDR-Zeiten war die Herstellung von Gartenzwergen verboten, weil sie nicht zum Aufbau des Sozialismus beitragen würden. Daher waren sie beliebtes Schmuggelgut aus dem Westen, bis sie sich nach der Wende als »Ostalgie-Produkt« im ganzen Land etablierten.

c) Aus Nordrhein-Westfalen, weil es dort seit jeher die Kultur der Kleingartenvereine und Bewirtschaftung von Schrebergärten-Parzellen gab.

Frage
258
Schon gewusst?

Was haben der *Russische Bär* und die *Spanische Flagge* gemeinsam?

a) Es handelt sich dabei um eine Schmetterlingsart mit verschiedenen Namensalternativen.

b) Es handelt sich jeweils um ein Symbol, die ein Tier beinhalten und ein Land repräsentieren.

c) Es sind zwei Symbole, die ursprünglich als Wegweiser verschiedener Pilgerwege vorgesehen waren: für den Romedius-Pilgerweg, benannt nach dem Heiligen, der auf einem Bären ritt, und für den Jakobsweg, der ins spanische Santiago de Compostela führt.

Frage
259
Erbe der Welt

Was ist das Besondere an der *Torre Guinigi*, einem Geschlechtertum in der Toskana?

a) Sieben Steineichen thronen auf der Turmspitze, die keinen Nutzen oder historische Bedeutung haben.

b) Es ist der einzige Turm in Oberitalien, der seit seinem Bau im 12. Jahrhundert bis heute nur von Nachfahren der ursprünglichen Familie bewohnt wird.

c) Der Turm stand ursprünglich in Regensburg, wurde für die Zollschuld eines bayerischen Händlers nach Italien verkauft, dafür 1362 abgebaut und original in Lucca wieder errichtet.

Frage 260 – Tomaten auf den Augen?

Was ist ***das?***

a) Korallenansammlung, die botanisch noch nicht verifiziert ist, da sie bislang ausschließlich im schwer zugänglichen Andamanensee gesichtet wurde

b) Eiablage der japanischen Kugelfische

c) Eine im südlichen Afrika beheimatete Horngurke, die in Europa auch unter dem Handelsnamen Kiwano bekannt ist

Frage 261 – Obskures und Skurriles

Welche ***Mär*** dachten sich einst ***arabische Händler*** aus, um den Preis für ***Zimt*** hochzuhalten?

a) Der Zimtvogel baut hoch in den Bäumen Nester aus Zimt, die mit bleibeschwerten Pfeilen aus den Wipfeln geschossen werden müssen.

b) Die Rinde des Zimtbaums muss erst von Lemuren verspeist werden, um dann als Ausscheidung den getrockneten Zimt mit der würzigen Note zu erhalten.

c) Die Pflanzen bilden nur dann genießbaren und daher wertvollen Rindenmulch, wenn sie mit Goldstaub gedüngt werden.

Frage 262 – Tomaten auf den Augen?

Welchen Zweck erfüllen die als *Yukitsuri-Technik* bezeichneten Spannseile über Bäume im Park Kenroku-en in Kanazawa?

a) Sie halten im Frühjahr die Vögel davon ab, die frischen Grüntriebe der Äste zu fressen.

b) Sie werden nachts bunt illuminiert.

c) Sie sollen im Winter vor dem starken Schneefall schützen.

Frage 263 – Obskures und Skurriles

Wen oder was bezeichnet der Name *Dracula Vampira?*

a) Eine Fledermausart, die sich ausschließlich vom Blut kleiner Säugetiere ernährt

b) Eine Orchideensorte, die optisch dem berühmten Dracula aus Transsilvanien gleicht

c) Eine Orchideensorte, die sich als Untergattung der fleischfressenden Pflanzen entwickelt hat und mit stark klebenden Blütendolden Insekten und Käfer fängt und verwertet

Frage 264 – Tomaten auf den Augen?

Was ist das?

a) Eine besondere Kiwizüchtung, die in Südtirol erfunden wurde

b) Schoten des afrikanischen Affenbrotbaums

c) Früchte des indischen Tamarindenbaums

Frage 265 – Obskures und Skurriles

Was versteht man unter den
»Wildflowers of Alcatraz«?

a) Eine endemische Wildblumenart, die sich einst auf der Gefängnisinsel ausbreitete und heute ausgestorben ist

b) Eine Saatmischung, um sich einen eigenen »Garten von Alcatraz« anzulegen

c) Ein unveröffentlichter Roman über die zu Hause wartenden Ehefrauen der ehemaligen Inhaftierten

Frage 266 – Wo liegt das?

Wo befindet sich diese öffentliche
Sportstätte?

a) Griechenland: antikes Stadtbad von Athen mit angeschlossenem Fitnessparcours analog zu den Olympischen Spielen

b) Italien: das Leonardo-da-Vinci-Bagno von Mailand

c) Eritrea: das modernistisch geprägte Schwimmbad von Asmara

Frage 267 – Obskures und Skurriles

Wie schläft man
im Weltall?

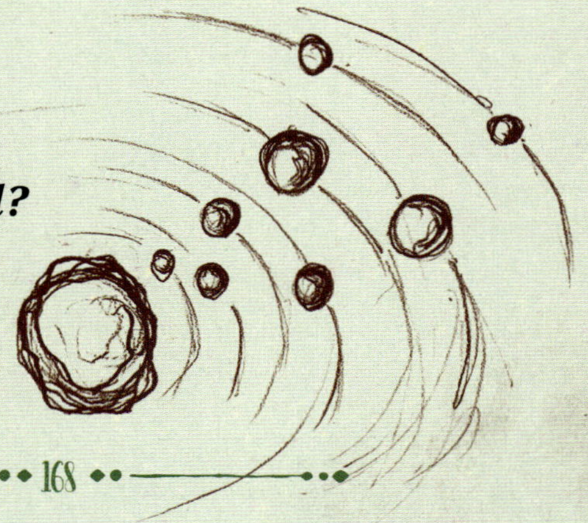

Frage 268 – Obskures und Skurriles

Womit können Hobbygärtner wie Wissenschaftler zuverlässig und simpel die *Qualität* ihrer *Gartenerde* testen?

a) Indem sie eine Unterhose aus Baumwolle vergraben und nach zwei Monaten den Zustand des Wäschestücks prüfen: Bei Zerfall ist es gute Erde.

b) Man vergräbt einen Kochtopf, wenn er bereits nach zwei Wochen oxidiert, ist die Erde sauerstoffreich und gut.

c) Man besprüht die Erde mit einer Essig-Wasser-Mischung: Wenn sich eine weiße Schicht auf der Erde bildet, ist sie nährstoffreich, da sie nicht wahllos »hungrig« alle Substanzen aufnimmt.

Frage 269 – Tomaten auf den Augen?

Was ist *das?*

a) Wassergetränkte Parzellen mit Kräutern und Gemüse, die in Vietnam seit jüngster Zeit neben den Reisterrassen kultiviert werden

b) Ausschnitt der »Schwimmenden Märkte« in Thailand – große Boote, auf denen frisches Gemüse in Bangkoks Kanälen verkauft werden

c) Eine innovative Hausfassade in der kolumbianischen Hauptstadt Bogotá

Frage 270 – Schon gewusst?

Welche Besonderheiten sind mit der peruanischen Insel ***Taquile*** verbunden?

a) Auf der ganzen Insel sind Hunde und Katzen verboten.

b) Die traditionellen Strick- und Webarbeiten dürfen ausschließlich von Männern gefertigt werden.

c) Es handelt sich um eine sogenannte schwimmende Insel, die von den Einwohnern aus Schilf gefertigt wurde.

Frage 271 – Superlative der Welt

Welche beiden ***Superlative*** beherbergt der ***Atlantische Ozean?***

....

....

Frage 272 – Erbe der Welt

Welches ***Zitat*** ist mitunter in der ***Präambel der UNESCO*** zu finden?

a) »Da Kriege im Geist der Menschen entstehen, muss auch der Frieden im Geist der Menschen verankert werden.«

b) »Der Mensch ignoriert die Natur so lange, bis die Natur den Menschen ignoriert.«

c) »Kultur ist Einheit des künstlerischen Stils in allen Lebensäußerungen eines Volkes.«

Frage 273 Warum? Darum!

Warum darf die zu Island gehörende Insel *Surtsey* im *Nordatlantik* nicht von Reisenden besucht werden?

a) Die Gefahr eines untermeerischen Vulkanausbruchs ist nach Einschätzung der Wissenschaftler hier sehr hoch.

b) Die Insel ist Forschungszwecken zur Radioaktivität vorbehalten.

c) Das Eiland ist erst in jüngster Zeit neu entstanden, und Wissenschaftler möchten hier ungestörte Besiedlungsprozesse von Flora und Fauna beobachten.

Frage 274 Obskures und Skurriles

Welche *Besonderheit* ist für Besucher interessant, die nur sehr selten im Jahr an dem *ägyptischen Felsentempel* stattfindet?

a) Der nahe gelegene Flughafen von Abu Simbel und die Zufahrtsstraßen werden jeweils zwei Tage gesperrt, und Besucher dürfen in der Stille des Tempels übernachten.

b) Sonnenstrahlen dringen bis tief ins Tempelinnere vor und beleuchten drei der vier Steinskulpturen der ägyptischen Gottheiten, nur der mit dem Reich der Toten verbundene Ptah von Memphis bleibt im Schatten.

c) Die frei herumlaufenden Berberaffen werden von der Stadtverwaltung eingefangen, und man hat eine Zeit lang Ruhe vor den bettelnden Tieren.

Frage 275 – Wo liegt das?

Wohin gehört dieses *Mosaikstück?*

a) In die Kuppel der Schwimmhalle des im Jugendstil gestalteten Jörgerbads in Wien

b) In einen Durchgang zu der Kathedrale von Porto

c) In die Eingangshalle des Bahnhofs São Bento in Porto

Frage 276 – Superlative der Welt

Welche *Temperaturen* herrschen im Inneren und an der Oberfläche der *Sonne?*

a) Außen ca. 5500 °C und innen um die 15 Millionen °C

b) Außen 1000 °C und innen ca. 10 000 °C

c) Außen 20 000 °C und innen 1 Million °C

Frage 277 – Wo liegt das?

Was bzw. wo auf der Welt ist der *Point Nemo?*

a) Eine Stelle im Meer, die am weitesten von Land entfernt ist

b) Der tiefste Punkt im Meer

c) Der aufgrund der Korallendichte beliebteste Paarungsort für Clownfische

Frage
278
Erbe der Welt

Bei welchem Vorgehen spricht man von sogenannter *assistierter Evolution?*

a) Aufzucht von bedrohten Tierarten wie Wisente in zunächst geschützten Nationalparks, um sie später wild auszusiedeln und die Populationen so zu vermehren

b) Die großflächige Umsiedlung von Korallen in weniger warme Gewässer, um die durch Erderwärmung verursachte Korallenbleiche zu verhindern

c) Methoden in der Embryonenforschung, um Gendefekte frühzeitig zu erkennen und zu vermeiden

Frage
279
Schon gewusst?

Welche drei Tiere bilden eine *verwandte Gruppe?*

a) Seekühe – Elefanten – Klippschliefer

b) Wale – Haie – Tintenfische

c) Tapire – Schweine – Nashörner

Frage
280
Superlative der Welt

Welcher ist der größte *Schildvulkan* der Erde?

Ū H H O P N Ā U

Tipp: Diese Buchstaben bilden den Namen.

Frage 281
Obskures und Skurriles

Durch welchen Umstand wurde das französische **Grasse** zur »Hauptstadt« der ***Parfümherstellung?***

Frage 282
Obskures und Skurriles

Im Wald von ***Guédelon*** in Frankreich wird seit gut 25 Jahren ein historisches Bauwerk errichtet – worum handelt es sich dabei?

a) Pyramide
b) Mittelalterliche Burg
c) Förderturm

Frage 283 – Superlative der Welt

In welcher **Reihenfolge** bezüglich ihrer Größe (Äquatordurchmesser) reihen sich die bekanntesten **Planeten** des Sonnensystems – vom größten bis zum kleinsten?

Jupiter ___

Saturn ___

Erde ___

Mars ___

Venus ___

Neptun ___

Uranus ___

Frage 284 – Tomaten auf den Augen?

Was** ist **das?

a) Satellitenaufnahme eines herannahenden Tsunamis im Indischen Ozean

b) Satellitenaufnahme eines Gletschers in Bewegung

c) Satellitenaufnahme nach einem Lawinenabgang in den Rocky Mountains

Frage 285 – Obskures und Skurriles

Welche *besondere Etappe* »erlebte« eine *Olympiafackel* im Jahr 2000 auf dem Weg von Athen nach Sydney?

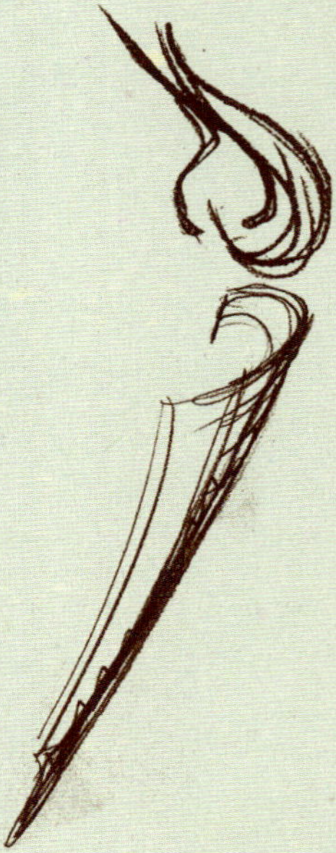

a) Sie wurde auf der Strecke durch das australische Outback von Aborigines für zwei Tage entwendet, die damit auf ihre schwierigen Lebensbedingungen aufmerksam machen wollten.

b) Die Flamme ging vor dem Great Barrier Reef auf Tauchgang und strahlte unter Wasser weiter.

c) Die australische Sprinterin Emma M. Thomson verpasste auf der letzten Etappe die Fähre zum Ziel ins Stadion und legte spontan die finale Strecke zu Fuß zurück. Der Umweg dauerte knapp zwei Stunden, so dass die Eröffnungsfeier mit Verspätung begann.

Frage 286 – Superlative der Welt

Über welche drei *Superlative* der Erde verfügt der Kontinent *Asien?*

....

....

....

Frage
287
Tomaten auf den Augen?

Was ist **das?**

a) Riesige Termitenhügel in Australien

b) Geologisch mysteriös entstandene Erdkegel auf Inseln im Pazifik

c) Jüngst entdeckte Inkastätten in Mexiko, deren Erforschung aktuell andauert

Frage
288
Schon gewusst?

Wie funktioniert das **Schwarmverhalten** bei Fischen?

a) Jeder Fisch im Schwarm folgt einfach seinem »Vorderfisch«.

b) Jeder Fisch im Schwarm schwimmt so schnell wie sein »Nachbarfisch«.

c) Jeder Fisch im Schwarm orientiert sich aufgrund der Artengleichheit auf dieselbe Weise am Lichteinfall in Verbindung mit der Strömung unter Wasser.

Frage
289
Superlative der Welt

Welche ***Echse*** gilt als die ***größte ihrer Art*** auf der Erde?

a) Die Meerechse auf Galápagos

b) Der Riesenwaran in Australien

c) Der Komodowaran in Indonesien

Frage 290
Superlative der Welt

Welche **Blütenpflanzen** gelten als die **kleinste** und die **größte** der Welt?

a) Zwergblume und Titanenwurz
b) Zwergwasserlinse und Rafflesien
c) Schleierkraut und Frangipani

Frage 291
Tomaten auf den Augen?

Was verbirgt sich **hinter diesem Bildausschnitt?**

Frage 292
Erbe der Welt

Welchen Nutzen hatte einst diese ***archäologische Fundstätte?***

a) Observatorium
b) Grenzwall
c) Grabstätte

Frage 293 Schon gewusst?

Wer sind oder was bedeutet *Zafimaniry?*

a) Eine Ethnie auf Madagaskar

b) Ein traditionelles Gericht auf Maui

c) Ein ritueller Tanz in Manila

Frage 294 Schon gewusst?

Wie heißen die *Bewohner* der argentinischen Metropole Buenos Aires?

a) Porteños b) Bueños c) Airistos

Frage 295 Warum? Darum!

Warum hält seit über 600 Jahren eine *Hängebrücke* aus pflanzlichem Gewebe in *Peru* Wind und Wetter stand?

a) Das Baumaterial wurde von den Inkas mit einem speziellen Harz versehen.

b) Die Brücke wurde zwar über einem Fluss, aber unter einem Fels erbaut.

c) Die Brücke wird jedes Jahr neu geknüpft.

Frage 296

Erbe der Welt

Welchen Besonderheiten unterliegt die ***Sprache*** der ethnischen Gruppe der ***Garifuna?***

a) Sie verständigen sich überwiegend durch Klicklaute und haben nur wenige eigene Wörter.

b) Die Sprache besteht als bunter Mix aus englischen, französischen, spanischen und afrikanischen Vokabeln.

c) Es existiert keine schriftliche Überlieferung, und die Sprache wird nicht in den Schulen gelehrt.

Frage 297

Erbe der Welt

Um welche ***Kunstart*** handelt es sich hier?

a) Wiener Jugendstil

b) Masurische Hinterglasmalerei

c) Argentinische Verzierungen

Frage 298 Erbe der Welt

Der ***Bildausschnitt*** zeigt einen Teil von einem ...

a) ... landwirtschaftlichen Gerät aus Georgien.

b) ... Musikinstrument aus Armenien.

c) ... Museumsexponat aus Albanien.

Frage 299 Schon gewusst?

Welche Vorgänge zählen zur ***Traditionellen Chinesischen Medizin*** (TCM)?

a) Akupunktur

b) Moxibustion

c) Inkubation

Frage 300 Erbe der Welt

Wofür ist die koreanische Insel ***Jejudo*** berühmt?

a) Kinder tauchen hier nach Perlmutt.

b) Männer erfanden hier den Kampfsport Judo.

c) Frauen tauchen hier nach Meeresfrüchten.

Frage 301 Schon gewusst?

Was wurde einst im italienischen *Ivrea* gefertigt?

a) Schreibmaschinen

b) Haushaltswaren aus Olivenholz

c) Papier-, Briefwaren und Frankiermaschinen

Frage 302 Schon gewusst?

Worum handelt es sich bei den sogenannten *vier Schätzen des Gelehrtenzimmers?*

a) Die vier kanonischen Bücher zur konfuzianischen Lehre

b) Die vier Utensilien zur chinesischen Kunstschrift

c) Die Heilkraft der vier Elemente Feuer, Wasser, Erde, Luft

Frage 303 Erbe der Welt

Wie heißt das traditionelle *Tanztheater* in Thailand?

a) Khon

b) Kabuki

c) Karaoke

Frage 304 Wo liegt das?

Wie heißen die ***neun Inseln,***
die zu den Azoren gehören?

Frage 305 Erbe der Welt

Welche Bedeutung hat der sogenannte ***El Güegüense*** in Nicaragua?

a) Es ist ein Tanz, der an Neujahr Segen bringen soll.

b) Es ist ein satirisches Drama, das sich gegen die spanische Kolonialmacht richtet.

c) Regelmäßig veranstaltete Stadtfeste, um den Vulkan Momotombo friedlich zu stimmen.

Frage 306 Erbe der Welt

Welche ***Kunstfertigkeit*** gehört in Costa Rica seit 2008 zum Immateriellen Weltkulturerbe?

a) Selbst genähte Kostüme zu Karneval

b) Aus Bananenblättern geflochtene Fischerboote

c) Bunt bemalte Ochsenkarren

Frage 307 Erbe der Welt

Welche Gemeinsamkeit haben die Inselgruppen ***Auckland, Campbell, Antipoden, Snares*** und ***Bounty*** vor der Küste Neuseelands ?

a) Sie alle waren Drehorte für die erfolgreichen Jurassic-Park-Filme.

b) Sie sind alle unbewohnt.

c) Sie wurden von James Cook Gesellschaftsinseln genannt und gruppiert.

Frage 308 Schon gewusst ?

Welche Gemeinsamkeit besitzen die Inseln ***Usedom, Irland*** und ***Hispaniola?***

Frage 309 Erbe der Welt

Was versteht man unter dem *Gada-System,* nach dem eine äthiopische Bevölkerungsgruppe, die Oromo, lebt?

a) Eine Demokratieform mit absoluter Gleichberechtigung aller Bewohner

b) Eine Rangordnung, die nur dem Ältesten der Gruppe eine Machtbefugnis zuspricht

c) Ein Rotationsprinzip, das für Gleichberechtigung und Problemorientierung sorgt

Frage 310 Tomaten auf den Augen?

In *welche Stadt* gehört dieses Puzzleteil?

Frage 311
Obskures und Skurriles

2023 wurde eine neue **Spinnenart** entdeckt. Nach welcher Musikband wurde sie benannt?

a) Nirvana

b) Abba

c) Beatles

Frage 312
Erbe der Welt

Wem oder was ähnelt der ***Grundriss*** der Stadt ***Brasília*** bei der Ansicht von oben?

a) Einer Palme

b) Einem Flugzeug

c) Einem Stern

Frage 313
Erbe der Welt

Welcher ***Industriezweig*** nahm hier in Uruguay seinen Anfang?

a) Kaffeeröstung

b) Fleischkonserven

c) Hufeisenproduktion

Frage 314
Warum? Darum!

Warum heißt die ***Symbolfigur*** der ***USA*** »Uncle Sam«?

Frage 315
Erbe der Welt

Warum hat die UNESCO den Nationalpark ***Kangchendzönga*** als Natur- ***und*** als Kulturerbe eingestuft?

Frage 316 – Schon gewusst?

Wie viele **Amtssprachen** werden in der EU gesprochen?

a) 12 b) 24 c) 7

Frage 317 – Obskures und Skurriles

Welches ungewöhnliche Element gehört zu den sogenannten ***Himmelsbestattungen?***

a) Der Leichnam wird von Geiern gefressen.

b) Der Leichnam wird in einen Heißluftballon gelegt.

c) Der Leichnam wird verbrannt und die Asche in alle vier Himmelsrichtungen verstreut.

Frage 318 – Obskures und Skurriles

Welcher ***Ahnenkult*** ist auf Madagaskar üblich?

a) Die Verstorbenen werden rund um das oder unter dem Haus der lebenden Familie begraben.

b) Die Verstorbenen werden alle Jahre wieder ausgegraben und gefeiert.

c) Die Verstorbenen werden balsamiert und sieben Jahre lang für alle sichtbar auf Felstribünen platziert.

Frage 319 Schon gewusst?

Von wem stammt das
folgende Zitat?
»Die Welt ist ein Buch. Wer nie reist, sieht nur eine Seite davon.«

a) Augustinus (354–430 n. Chr.)

b) Aristoteles (384–322 v. Chr.)

c) Immanuel Kant (1724–1804)

Frage 320 Tomaten auf den Augen?

Was ist das ?

a) Ostasiatische Magnolienblüte

b) Japanische Pfirsichart

c) Chinesisches Gebäck

Frage 321 Warum? Darum!

Warum steht im französischen Atlantik ein Leuchtturm *mitten im Meer?*

a) Die Küstenlinie verlief ursprünglich sieben Kilometer weiter vorne und wurde mit der Zeit vom Meer abgetragen.

b) Ursprünglich diente der Turm meeresbiologischen Forschungszwecken, erst später wurde er zum Leuchtfeuer umgewidmet.

c) Eine Insel mit Sandbänken machte je nach Ebbe und Flut den Seefahrern zu schaffen, so wurde ein Warnsignal errichtet.

Frage 322 Wo liegt das?

Wo liegt *Neukaledonien* und welches Festland ist das nächste?

a) Im Südpazifik nahe Australien

b) Im Indischen Ozean nahe Südafrika

c) Im Golf von Kalifornien nahe Mexiko

Frage 323 Erbe der Welt

Was verbirgt sich hinter der von der UNESCO geschützten Stätte *Taputapuatea?*

Taputa...wie? ? ?

a) Ein als Biosphärenreservat eingestuftes Gebiet mit erloschenen Vulkanen und fruchtbarem Boden

b) Ein als Kulturgut geschützter Inselteil mit zeremoniellen Plätzen

c) Ein als Naturerbe deklariertes Höhlensystem mit Achat- und Fossilienfunden

Frage 324 Schon gewusst?

Wie heißen die **fünf Orte** der beliebten italienischen **Cinque Terre?**

Mo...
Ve...
Co...
Ma...
Ri...

Frage 325 Schon gewusst?

San Gimignano gilt als Stadt der **Geschlechtertürme.** Wie viele hatte sie ursprünglich und wie viele stehen heute noch?

Frage 326 – Superlative der Welt

Welches ist das **größte Mangrovengebiet** der Erde und wo liegt es?

a) Sundarbans in Asien

b) Everglades in Florida, USA

c) Cape Tribulation, Australien

Frage 327 – Schon gewusst?

Welche **sieben Inseln** gehören zu den Liparischen oder Äolischen Inseln?

Vul... Lip...

Ali... Fil... Sal...

Pan... Str...

Frage 328 – Erbe der Welt

Was wird in Italien von der UNESCO als ***Trulli*** geschützt?

a) Ein historisch verbrieftes Rezept für süßes Gebäck

b) Einfach errichtete Häuser in Kegelform mit Spitzdach

c) Schneckenförmige Fossilien in einer unter Wasser liegenden Höhle

Frage 329 Schon gewusst?

Wer schuf die berühmte ***Glaspyramide*** am Pariser Louvre?

a) Frank O. Gehry

b) Ieoh Ming Pei

c) Le Corbusier

Frage 330 Tomaten auf den Augen?

In welcher Stadt steht diese ***Sehenswürdigkeit?***

a) Seattle

b) Shanghai

c) Moskau

Frage 331 Obskures und Skurriles

Welchen ***ungewöhnlichen Wettbewerb*** tragen die Finnen jährlich in ihrem Heimatland aus?

a) Männer müssen statt Hunden die Schlitten ziehen.

b) Frauen müssen sich gegen ihre Männer bei einer Schneeballschlacht behaupten.

c) Männer müssen, ihre Frauen kopfüber tragend, einen Hindernis-Parcours bezwingen.

Frage 332 Schon gewusst?

Wie heißt die ***Hauptstadt*** von Myanmar?

a) Rangun

b) Tharrawaddy

c) Naypyidaw

Frage 333 Schon gewusst?

Wie heißt die ***Hauptstadt*** von Kanada?

a) Ottawa

b) Vancouver

c) Montreal

Frage 334 Obskures und Skurriles

Welche ***sportlich-wagemutige Aktion*** findet immer wieder in Bosnien und Herzegowina statt?

a) Auf Luftmatratzen einen Wildwasserfluss überqueren

b) In Hängematten über einer Schlucht hängen

c) Auf Schlitten eine Skisprungschanze testen

Frage 335 Schon gewusst?

Der berühmte Prachtboulevard ***Champs-Élysées*** von Paris liegt zwischen zwei berühmten Baudenkmälern, welche sind das?

a) Arc de Triomphe und Obelisk

b) Eiffelturm und Centre Pompidou

c) Kathedrale Notre-Dame und Louvre

Frage 336 Wo liegt das?

Wo liegt dieser ***schwindelerregende Steig?***

a) Huang Shan in China

b) Andalusien in Spanien

c) Karawanken in Slowenien

Frage 337 Schon gewusst?

Wie heißen diese *vier Greifvögel?*

_ Mäusebussard, _ Sperber, _ Habicht, _ Falke

Frage 338 Wo liegt das?

Wo liegen die *Borromäischen Inseln?*

a) Im Mittelmeer südlich von Malta

b) Im Tyrrhenischen Meer nördlich von Sizilien

c) Im Lago Maggiore auf italienischer Seite

Frage 339 Wo liegt das?

Wo befindet sich dieses *Brunnen-Ensemble?*

a) Florenz

b) Paris

c) Antwerpen

Frage 340 Wo liegt das?

Wo liegt diese *Bucht,* deren markanter Fels wie eine *Echse* aussieht?

a) Aruba in der Karibik

b) Zakynthos in Griechenland

c) Mauritius im Indischen Ozean

Frage 341 Schon gewusst?

Welche *Kunstfertigkeiten* besitzen Fregattvögel?

a) Sie können im Flug schlafen.

b) Sie ernähren sich überwiegend von gestohlener Nahrung.

c) Sie nutzen ihren Kehlsack als Flugballon.

Frage 342 Obskures und Skurriles

Wo liegt die Insel *Asinara* und was gibt es dort Besonderes?

a) Sie ist eine der Kapverdischen Inseln im Atlantik mit weißen Echsen.

b) Sie ist eine Sansibar vorgelagerte Insel im Indischen Ozean und hat Plantagen für weißen Pfeffer.

c) Sie ist eine Sardinien vorgelagerte Insel mit weißen Eseln.

Frage 343 Schon gewusst?

Worauf steht die berühmte Freiheitsstatue *Lady Liberty* in New York und welche Inschrift trägt sie?

a) Der Sockel ist nicht zu sehen und vom Gewand verdeckt, die Inschrift lautet: »God bless America«.

b) Sie trägt Sandalen und steht auf zerbrochenen Ketten, auf der Tafel in ihrer linken Hand ist das Datum 4. Juli 1776 eingraviert.

c) Auf einem Relief der Weltkarte mit der Gravur: »Freedom for everyone«

Frage 344 Superlative der Welt

Wie heißt der *höchste Gipfel Schwedens?*

a) Kaskasapakte

b) Kebnekaise

c) Tuolpagorni

Frage 345 Schon gewusst?

Wie heißt die Hauptstadt von *Tansania?*

a) Dodoma

b) Makambako

c) Daressalam

Frage 346 Wo liegt das?

Die Inseln ***Pemba*** und ***Mafia*** gehören zu einem berühmten Archipel, welcher ist das?

a) Azoren
b) Sansibar
c) Feuerland

Frage 347 Schon gewusst?

Welche ***Form*** besitzt der in Italien gelegene ***Comer See?***

a) Wie ein Y
b) Wie ein O
c) Wie ein T

Frage 348 Schon gewusst?

Wie heißen die markant rot gestrichenen ***norwegischen Fischerhütten?***

a) Rorbu
b) Hjerte
c) Vindu

Frage 349 – Wo liegt das?

Wo **liegt dieses Gebäude und *was verbirgt* es hinter seinen Mauern?**

a) In Barcelona/Spanien: die Casa Milà von Antoni Gaudí

b) In Figueres/Spanien: das Museum für Salvador Dalí

c) In Kawakawa/Neuseeland: eine öffentliche Toilette von Friedensreich Hundertwasser

Frage 350 – Schon gewusst?

Diese Baumart gehört zu den *Wahrzeichen* der Karibikinsel Aruba – wie heißt sie?

a) Tusi-Tusi-Baum

b) Divi-Divi-Baum

c) Copa-Copa-Baum

Frage 351 – Obskures und Skurriles

Unweit von Wien hat sich *Mitte des 19. Jahrhunderts* ein Luftkurort und Naherholungsgebiet mit einer originellen Aussicht etabliert, wie heißt sie?

a) 20-Schilling-Blick

b) Wiener-Schmäh-Schau

c) Pfiati-Gott-Gruß

Frage
352
Wo liegt das?

Wie heißen die beiden ***Flüsse,*** zwischen deren Mündungen die schottische Stadt ***Aberdeen*** liegt?

a) Lee und Lewer
b) Dee und Don
c) Deen und Aber

Frage
353
Tomaten auf den Augen?

Welcher ***Pflanzenname*** verbirgt sich hinter diesen Bildern?

2 x  + 

Frage
354
Obskures und Skurriles

Wer oder was ist ***Kakslauttanen?***

a) Ein Ort in Lappland
b) Ein finnischer Volkstanz
c) Eine schwedische Sagengestalt

Frage 355
Obskures und Skurriles

Welches *ungewöhnliche Schicksal* ereilt die nordschwedische Stadt Kiruna?

a) Die ganze Stadt muss aus wirtschaftlichen Gründen umziehen.

b) Der westliche Stadtteil versinkt zugunsten eines Stausees.

c) Die Häuser im Osten werden abgerissen zur Errichtung eines Schuttbergs, der vor weiteren Lawinenunfällen schützen soll.

Frage 356
Wo liegt das?

Welche Stadt in Deutschland wird auch als *Stadt der vier Tore* bezeichnet?

a) Lübeck

b) Goslar

c) Neubrandenburg

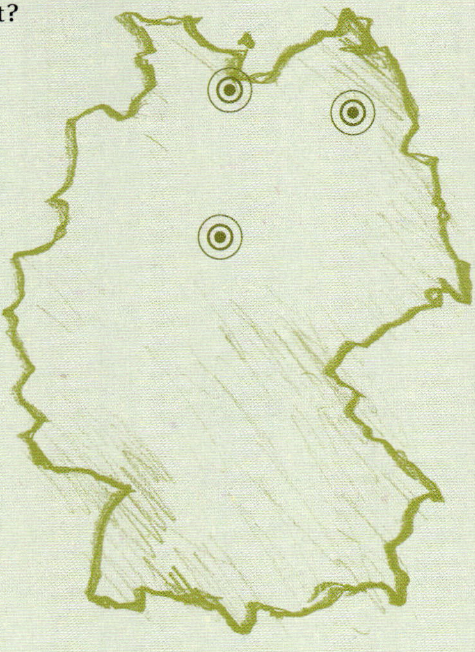

Frage 357 – Superlative der Welt

Wo befindet sich die größte natürliche *Eishöhle* der Welt?

a) Österreich

b) Frankreich

c) Schweiz

Frage 358 – Schon gewusst?

Welcher der Seefahrer war ein *Zeitgenosse* von Christoph Kolumbus (1451–1506)?

a) James Cook

b) Sir Francis Drake

c) Vasco de Gama

Frage 359 – Schon gewusst?

Wie heißen die *drei Flüsse* in Bosnien und Herzegowina, die einen Nationalpark formen?

a) Una, Unac und Krka

b) Čana, Česte und Ulev

c) Zadar, Zec und Kvar

Frage 360 – Erbe der Welt

Welches Bauwerk in Deutschland schaffte es als Erstes in die Liste der UNESCO-Welterbestätten?

a) Speyerer Dom

b) Aachener Dom

c) Würzburger Residenz

Frage 361 – Wo liegt das?

In welchem Land lassen sich diese typischen Dörfer verorten?

a) USA, New Mexico

b) Jemen, Stadt Sanaa

c) Indien, Ganges-Tiefland

Frage 362 – Superlative der Welt

Wo steht der **_höchste Kirchturm_** Tschechiens?

a) Prag

b) Karlsbad

c) Pilsen

Frage 363 – Obskures und Skurriles

Die ***Turmuhr am Rathaus*** im polnischen Posen zeigt täglich um zwölf Uhr ungewöhnliche Zeitanzeiger, welche?

a) Zwei Ziegen

b) Sieben Skelette

c) Zwölf Zwerge

Frage 364 – Schon gewusst?

Was ist die Grundidee der UNESCO, wenn sie ***Biosphärenschutzgebiete*** ernennt?

a) Die Natur soll so gefördert werden, dass sie sich positiv auf die Atmosphäre auswirkt.

b) Mensch und Natur sollen im Einklang leben können.

c) Das Fernhalten jeglicher menschlicher Einflüsse auf Naturgebiete

Frage 365 Schon gewusst?

Diese *griechischen Götter* gehören zum »innersten Zirkel« der zwölf Götter des Olymps. Welche fehlen noch?

Zeus – Gott des Himmels und Herrscher über den Olymp

Hera – Göttin der Ehe und Familie

Ares – Gott des Krieges und der Schlachten

Hestia – Göttin des heiligen Herdfeuers

Athene – Göttin der Weisheit und Schutzgöttin von Athen

Hephaistos – Gott der Schmiedekunst

Ares

Hera

Zeus

Hestia

Athene

Hephaistos

Weltenbummler

Lösungen

256 Lösung: a)

Kein Botaniker hat solche Spuren hinterlassen wie Carl von Linné. Ihm ist nicht nur das Klassifizierungssystem in der Pflanzenkunde zu verdanken, sondern auch ein kleiner, sehr hübscher Garten in Uppsala. Damit Besucher die botanische Vielfalt auch zu schätzen wissen, wurde Linnés Arbeitsmotto in einem Stein verewigt: »Omnia mirari etiam tritissima« – »Finde das Wunder in allem, selbst im Gewöhnlichsten« – heißt es dort.

257 Lösung: a) und b)

Des Gartenzwergs Ursprünge liegen in anatolischen Bergwerken. Das vermutet zumindest der Kieler Soziologe Hans Werner Prahl. Seinen Forschungen zufolge schufteten im 13. Jahrhundert in den dortigen Erz- und Kohlestollen viele kleinwüchsige Sklaven aus Afrika. Diesen wiederum schrieben die anatolischen Bewohner übernatürliche Kräfte zu, die sie durch das Aufstellen kleiner Statuen zu bannen versuchten. Den Figuren setzten sie die im antiken Kleinasien für das Volk der Phryger typischen Zipfelmützen auf. Über venezianische Händler gelangten solche Statuen im 15. Jahrhundert nach Italien und überquerten später die Alpen. Ihre heutige Gestalt verdanken sie allerdings zwei kreativen Hand-werkern aus Thüringen: August Heissner und Philipp Griebel gründeten 1872 in Gräfenroda Manufakturen, um u. a. Gartenzwerge aus Terrakotta in Serienproduktion herzustellen. Nachdem diese 1898 erstmals auf der Leipziger Messe gezeigt wurden, entwickelten sich die Zwerge »Made in Thüringen« zum Exportschlager. Von da an ging es mit ihnen auf und ab. Denn zu DDR-Zeiten waren sie tatsächlich nicht dem Sozialismus dienlich und verboten.

258 Lösung: a)

Die lateinische Bezeichnung lautet: Euplagia quadripunctaria

259 Lösung: a)

Mit 45 Metern Höhe überragt der viereckige Turm des Guinigi-Klans ganz Lucca. Vermutlich im 14. Jahrhundert errichtet, ist er aufgrund seiner sieben Steineichen bekannt, die wie eine grüne Krone auf der Turmspitze thronen. Außer dass sie heute in heißen Monaten Schatten spenden, weiß man nicht genau, wer sie und warum einst pflanzte.

260

Lösung: c)

Die ovale Frucht der Horngurke oder Swanimelone (»Cucumis metuliferus«) hat eine weiche Schale mit auffälligen Stacheln. Voll ausgereift ist sie außen gelblich bis orange, im Inneren kiwigrün. Ihr Geschmack erinnert an eine Kombination aus Passionsfrucht, Zucchini und Banane. Ihr geschältes sehr erfrischendes Fruchtfleisch ist reich an Vitamin C und kann sowohl roh zusammen mit den Kernen oder auch gekocht verzehrt werden. Ihrer hübschen Optik wegen wird die Horngurke gerne zur Dekoration von Speisen oder Getränken verwendet.

261

Lösung: a)

Der Handel mit Zimt war in der Vergangenheit extrem lukrativ. So lukrativ, dass die ersten Händler aus Arabien die Herkunft des Ceylonzimts verschleierten und sich zum Schutz ihres Monopols eine ziemlich verwegene Story ausdachten: die Geschichte vom Zimtvogel. Ein »Kinnámomon órneon«, so schrieb der große Philosoph Aristoteles (384–322 v. Chr.) in seiner »Tierkunde«, trage die getrockneten Zimtstangen von irgendwo herbei und mache ein Nest daraus. Das liege in den Wipfeln hoher Bäume. Menschen würden daher Bleigewichte an ihren Pfeilspitzen befestigen, um die zimtgefüllten Nester per Pfeilschuss nach unten zu befördern.

262

Lösung: c)

Sehr futuristisch wirken die 800 Yukitsuri-Aufbauten, an Pfosten zeltartig gespannte Seile, die im Winter die knorrigen Bäume vor Schneeschäden schützen sollen.

263

Lösung: b)

Diesen Dracula gibt es seit 1978 – sein botanischer Vater ist der US-Amerikaner Carlyle A. Luer (1922–2019), der mit ihm eine eigenständige Orchideengattung benannte. Sie umfasst über 140 Arten, die sich vor allem in den tropischen Bergnebelwäldern zwischen Südmexiko und Peru heimisch fühlen. Wie viele andere Orchideen wachsen sie auf Bäumen, Wurzeln, heruntergestürzten Ästen oder auch auf Waldböden und sind meist von Moosen, Flechten und Farnen umgeben. Der schaurige Name des Südamerikaners bezieht sich auf die drei schwanzartigen Blütenendungen, die an fliegende Fledermäuse oder mit etwas Fantasie an Fangzähne erinnern.

P.S. Es gibt auch eine Fledermausart, die sich nur von Blut ernährt, diese heißt aber Vampirfledermaus.

264

Lösung: c)

Wohl dem indischen Haus, das einen Tamarindenbaum sein Eigen nennt, denn er spendet nicht nur Schatten, sondern ist auch für die Küche vielfach nützlich. Die jungen Blätter können als Salate und Gemüse verwendet werden, das innere Fruchtfleisch der braunen Schote dient als Basis für Säfte, Chutneys und Currys. Auch die Kerne finden Verwendung, indem sie nach dem Kochen oder Rösten kleingestampft und in die Currys gemischt werden, um ihnen eine dunkle Färbung und eine herbsaure Note zu geben. Der Name leitet sich vom arabischen »tamar hindi« ab, was »Indische Dattel« bedeutet und sich auf das ähnlich gefärbte Fruchtfleisch bezieht.

265

Lösung: b)

Mit dem von den Gefangenen gepflegten Garten auf Alcatraz war 1963 Schluss, als das Hochsicherheitsgefängnis wegen zu hoher Kosten aufgegeben wurde. Anlage und Gärten verfielen zusehends, die Pflanzen waren sich selbst überlassen, bis sich 1972 der National Park Service (NPS) ihrer annahm und die Anlagen im Laufe der Zeit restaurierte. Heute erblühen die Beete wieder mit Rosen, Gladiolen, Dahlien und vielem mehr. Wer will, kann als Freiwilliger mitarbeiten oder sich zu Hause seinen eigenen Alcatraz-Garten anlegen. Im Laden gibt es eine Packung »Wildflowers of Alcatraz« zu kaufen, eine Saatmischung mit Brunnenkresse, Klatschmohn und Duftender Platterbse.

266

Lösung: c)

Nach der Besetzung durch Italien 1889 wurde Asmara zur Hauptstadt der damaligen italienischen Kolonie Eritrea ausgebaut. Ausgelöst durch das imperialistische Engagement Mussolinis in Ostafrika, der Asmara zum neuen Rom des »Africa Orientale Italiana« machen wollte, erfolgte in den 1930er-Jahren eine gewaltige Erweiterung durch italienische Architekten. So entstand ein breites Spektrum von Bauten verschiedenster architektonischer Bewegungen dieser Zeit: Art déco, Neoklassizismus, Novecento und Moderne.

267

Lösung:

Infolge der Schwerelosigkeit könnte man im Raumschiff ganz schön durchgewirbelt werden, wenn man schlafen möchte. Das wäre absolut nicht erholsam. Deswegen müssen die Astronauten ihren Schlafsack an eine Wand binden. Eine Matratze brauchen sie aber nicht, denn Liegen funktioniert ja nicht so richtig. Auf der ISS gibt es extra angefertigte Schlafkojen, hier sieht man den deutschen Astronaut Alexander Gerst. Einen Vorteil hat das Schlafen im Weltraum allerdings: Dort wird nicht so laut geschnarcht wie auf der Erde. Durch die Schwerelosigkeit wird unser Atemkanal nicht verengt. Normalerweise lässt die Schwerkraft unsere Zunge erschlaffen, und wir schnarchen, im Weltall dagegen passiert das nicht.

268 Lösung: a)

Einzige Voraussetzung: Die Wäschestücke müssen aus 100 Prozent Baumwolle sein. Dann dauert es bei warmen Temperaturen etwa zwei Monate, bis das Ergebnis vorliegt. Je mehr sich die Unterwäsche zersetzt hat, desto mehr Mikroben sind im Boden und umso gesünder ist die Erde. Um dies zu erreichen, kann man im Herbst das Falllaub einfach liegen lassen oder die Böden mit Mulch aus verrottetem Mist, Schilf oder Häcksel bedecken. Da sich angesichts des Klimawandels weltweit viele Forschungseinrichtungen für die Bodenqualität interessieren, gibt es zunehmend »Soil Your Undies Challenges«, also eine Art »Begrabe-Deine-Unterhose-Kampagnen«.

269 Lösung: c)

Exacta Proyecto Total, ein gefragtes Architekturbüro aus Bogotá, entwarf zusammen mit Groncol, einem Spezialisten für Wandbegrünung, für den westlichen Nobelstadtteil Rosales ein komplett begrüntes Hochhaus. Mit seinen grünen Fassaden wirkt das elf Stockwerke hohe Edifício Santalaia zwischen den vorwiegend ockerfarbenen Nachbarbauten wie eine Fata Morgana in der Betonwüste. 115 000 Pflanzen bedecken eine 3117 Quadratmeter große Fläche, und 42 Anlagen sorgen durch die Rückgewinnung von Regen und die Aufbereitung von Gebrauchtwasser für das entsprechende Nass. Zudem wirkt das begrünte Hochhaus als gewaltiger Luftreiniger, es filtert schätzungsweise 2000 Tonnen Treibhausgase heraus und absorbiert fast eine halbe Tonne Feinstaub.

270 Lösung: a)

Haustiere sind verboten, da sie als Delikatesse gelten, es werden nur Nutztiere wie Kühe und Schafe in der Haltung genehmigt. Eine Besonderheit sind zwar auch die »strickenden Männer«, doch die Frauen stricken ebenfalls. Auch gibt es schwimmende Inseln im Titicaca-See, bei Taquile handelt es sich aber um eine natürliche Insel.

271 Lösung:

Großbritannien: Das Vereinigte Königreich ist mit 229 883 Quadratkilometern die größte Insel Europas und die achtgrößte Insel der Erde.
Kuba: Das zu den Großen Antillen gehörende Kuba ist mit 105 806 Quadratkilometern die größte Insel der Karibik und trennt den Golf von Mexiko vom Karibischen Meer.

272 Lösung: a)

273 Lösung: c)

Die 32 Kilometer vor der Südküste Islands liegende Insel entstand in den Jahren 1963 bis 1967 durch untermeerische Vulkanausbrüche. Zum Open-Air-Laboratorium erklärt, dient das Eiland heute der Erforschung von Besiedlungsprozessen. Für normale Besucher ist Surtsey tabu. Von Anfang an blieb die Insel wissenschaftlichen Zwecken vorbehalten, um eine Entwicklung von Flora und Fauna ohne menschliche Eingriffe zu gewährleisten.

274 Lösung: b)

Das sogenannte Sonnenwunder von Abu Simbel findet zweimal im Jahr um den 22. Februar und den 22. September statt, wenn Sonnenstrahlen zur Mittagszeit für wenige Minuten durch den Hintereingang des Großen Felsentempels in rund 60 Meter Tiefe vordringen. Tatsächlich hatten es die alten Ägypter geschafft, dass die vierte Götterstatue nur wenig ins Licht rückt, während die anderen drei Statuen angestrahlt werden. Der architektonische Kunstgriff blieb auch nach der örtlichen Versetzung des Tempels in den 1960er-Jahren berücksichtigt.

275 Lösung: b)

Seit dem 18. Jahrhundert zieren in Porto (Portugal) die blau-weißen Azulejos den Kreuzgang der Kathedrale Sé do Porto.

PS: Die Vorhalle des Bahnhofs von Porto ist ebenfalls für seine auffallend schönen Azulejos berühmt.

276 Lösung: a)

Für die Astronomen ist die Sonne ein durchschnittlicher Stern. An der Oberfläche herrschen Temperaturen von bis zu 5500 °C, im Inneren sind es 15 Millionen °C. Unser Zentralgestirn besteht zu 70 Prozent aus Wasserstoff und zu 28 Prozent aus Helium; nur 1,5 bis 2 Prozent bilden schwerere Elemente, darunter hauptsächlich Sauerstoff und Kohlenstoff.

277 Lösung: a)

Als Point Nemo wird die Stelle im Meer bezeichnet, die am weitesten von Land entfernt ist. Dieser Punkt liegt im Südpazifik zwischen Chile und Neuseeland. Bis Ducie Island (Teil der Pitcairninseln), Motu Nui (Nebeninsel der Osterinsel) und Maher Island (Antarktis) sind es jeweils 2688 Kilometer.

278 Lösung: b)

Es werden tatsächlich Korallen aus den wärmeren Regionen des Great Barrier Reef in die kühleren, weiter südlich gelegenen Bereiche gebracht, wo sie Hitzeperioden besser überstehen können. Geeignete Technologien sollen helfen, dies im großen Maßstab zu tun, schließlich ist eine Fläche von der Größe Großbritanniens betroffen. »Die manuelle Verlagerung einiger nördlicher Korallen nach Süden könnte also dazu beitragen, diese physikalische Beschränkung des natürlichen Larvenflusses von Norden nach Süden zu überwinden. Wenn genügend Korallen umgesiedelt werden können, könnte dies dazu beitragen, dass sich hitzegeschädigte Riffe mit hitzeresistenteren Korallen schneller erholen«, schreiben Forscherinnen und Forscher des Australian Institute of Marine Science in dem Online-Journal »The Conversation« und bezeichnen diese Vorgehensweise als assistierte Evolution.

279 Lösung: a)

So unterschiedlich die drei Tiere auf den ersten Blick erscheinen – Seekühe leben im Wasser und haben Vorderflossen, Elefanten sind tonnenschwere Landtiere mit dominantem Rüssel, und Klippschliefer ähneln eigentlich Hasen oder Murmeltieren –, so liegt doch die verblüffende Gemeinsamkeit im genetischen Code namens DNA. Hierauf basiert die erstaunliche Erkenntnis, dass Klippschliefer zu den Huftieren gehören und ganz nah mit Elefanten und Seekühen verwandt sind. Seekühe wiederum haben überhaupt nichts mit Kühen gemeinsam, vor Millionen Jahren lebten sie an Land und entwickelten sich erst mit der Zeit zu Wasserlebewesen, ihre nächsten Verwandten sind heute noch die Elefanten.

280 Lösung:

Typisch für Hawaii sind die Schildvulkane, bei denen sich die Lava in riesige Flächen ausdehnt. Bisher galt der Mauna Loa als der größte Schildvulkan der Erde. Jetzt muss er diesen Titel abgeben – an den Pūhāhonu. Dieser Vulkan ist Teil der Inselkette, in die Hawaii nach Nordwesten hin ausläuft. Nur 52 Meter ragt die oberste Spitze über das Wasser, doch unter der Wasseroberfläche zeigt sich das gigantische Ausmaß. Mit einem Gesamtvolumen von 148 000 Kubikkilometern ist der Pūhāhonu doppelt so groß wie der Mauna Loa.

281

Lösung:
Eigentlich war die »Stadt des Duftes«, als die Grasse heute allgemein bekannt ist, eher eine Stadt des Gestanks: Gerbereien hatten sich in den ockerfarbenen Häuschen angesiedelt, und aus den Höfen drangen im 16. Jahrhundert stinkende Noten, denn Vogelkot und Urin gehörten damals zu den gängigen Ingredienzien der Gerbstoffe – bis ein Gerber auf die Idee kam, Handschuhe zu parfümieren. Damit sollten die Menschen eine Möglichkeit haben, den scheußlichen Gerüchen zu entkommen. Schnell wurde daraus aber eine Mode, und nicht nur Handschuhe, sondern auch Kleidung und Seife wurden parfümiert und letztendlich der Duft direkt auf die Haut aufgetragen. Grasse entwickelte sich so zu einer Stadt der Parfüms.

282

Lösung: b)
Im Burgund entsteht in einem verlassenen Steinbruch seit 1997 eine Burg wie aus dem 13. Jahrhundert. Genutzt werden dabei nach Möglichkeit nur historische Methoden und Materialien aus dieser Zeit. Die Idee dazu kam dem französischen Schlossherren Michel Guyot, der seine Vorliebe und Erfahrungen für Restaurierungen alter Gemäuer als Projekt einbringen wollte.

283

Lösung:
1 – Jupiter, 142 984 km
2 – Saturn, 120 536 km
3 – Uranus, 51 118 km
4 – Neptun, 49 528 km
5 – Erde, 12 756 km
6 – Venus, 12 104 km
7 – Mars, 6792 km

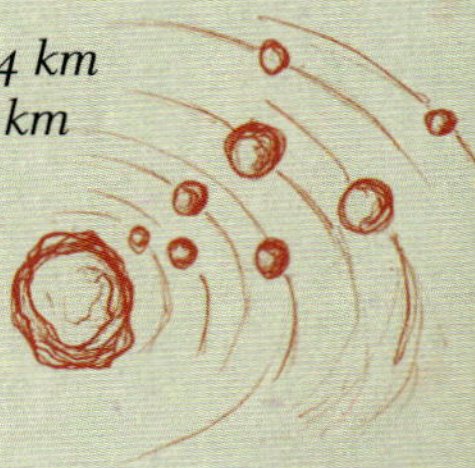

284

Lösung: b)
Der Lambertgletscher bildet den Hauptzustrom des Amery-Schelfeises an der Küste von Ingrid-Christensen-Land. Das Inlandeis gleitet durch Trogtäler in verschiedenen Gletscherströmen über den ostantarktischen Kontinentrand. Mit einer Geschwindigkeit von rund 2,50 Metern pro Tag schiebt sich das Eis in Richtung Schelfeistafel. Das flach einfallende Sonnenlicht offenbart selbst kleinste Rinnen und Spalten. Manche Strukturen gehen auf starke Windverwehungen zurück. Einzelne Felsen, die von den Wissenschaftlern Nunataker (ein Begriff aus der Sprache der Inuit) genannt werden, ragen aus dem Eis heraus und steuern die Fließrichtung des Eises. Bislang gilt der Lambertgletscher mit einer Ausdehnung von 400 Kilometern als längster Gletscher der Erde.

285

Lösung: b)
Am 27. Juni 2000 wurde die Flamme am Great Barrier Reef, unweit von Cairns, auf eine Unterwasserreise von zwei Minuten 40 Sekunden mitgenommen. Ein Fackelsystem, das bei 2000 °C brannte, war zuvor mit einer besonderen, nicht umweltschädlichen Chemikalie behandelt worden. Die Meeresbiologin Wendy Craig-Duncan tauchte mit der Fackel in der Hand am Great Barrier Reef vorbei.

286 Lösung:
1. Himalaya mit Mount Everest, höchstes Gebirge, 8850 Meter
2. Baikalsee, tiefster See, 1637 Meter
3. Kaspisches Meer, trotz Bezeichnung als Meer handelt es sich um das größte Stillgewässer mit einer Fläche von rund 371 000 Quadratkilometern.

287 Lösung: b)
Ein Kuriosum der Philippinen-Insel Bohol sind die sogenannten Chocolate Hills. Die »Schokoladenhügel« umfassen ein Gebiet aus circa 1268 natürlichen kegelförmigen Kalksteinhügeln, deren genaue Entstehung bis heute Rätsel aufgibt. Durch die Abholzung in den letzten Jahrhunderten kam es auf den Hügeln zur Ausbreitung einer sehr widerstandsfähigen Grasvegetation, die in der Trockenzeit verdörrt und die Hügel dann schokoladenbraun färbt.

288 Lösung: a) und b)
Bereits in den 1980er-Jahren machte der US-Forscher Brian Partridge Versuche zur Ergründung, wie ein Schwarm aus zahlreichen Tieren sich wie ein einziges Lebewesen zu bewegen vermag. Tatsächlich stellte er als die beiden Hauptkomponenten folgende fest: Jeder Fisch schwimmt dem Fisch vor ihm nach und passt seine Geschwindigkeit dem Fisch neben ihm an. Diese optimierte Orientierung an die jeweilige Umgebung nutzen auch Vögel oder Insekten, wenn sie im Schwarm unterwegs sind.

289 Lösung: c)
Der Komodowaran, die größte lebende Echsenart, kommt nur auf den zu Indonesien gehörenden Inseln Komodo, Rinca, Gili Motang und Flores vor, wo er im Wald- und Buschland lebt. Er kann zwar bis zu drei Meter lang werden, die meisten wild lebenden Exemplare sind jedoch wesentlich kleiner – im Durchschnitt erreichen sie eine Länge von etwa 1,80 Meter. Mit leerem Magen wird der Komodowaran zwar selten schwerer als 50 Kilogramm, in vollgefressenem Zustand sind allerdings bis zu 100 Kilogramm möglich, da er innerhalb kurzer Zeit unfassbar große Mengen zu sich nehmen kann.

290 Lösung: b)
Nur rund 0,5 bis 1,5 Millimeter sind die Sprossglieder der Zwergwasserlinse groß. Ellipsenförmig treiben sie an der Wasseroberfläche, eine Wurzel haben sie nicht. Die »Rafflesia arnoldii« bildet dagegen mit bis zu einem Meter Durchmesser und einem Gewicht von bis zu elf Kilogramm die größten Einzelblüten im Pflanzenreich aus. Rafflesien sind im malaysischen Sarawak und im indonesischen Kalimantan Barat auf Borneo sowie auch auf Sumatra verbreitet.

PS: Die Titanenwurz gilt als größte Blüte bezüglich ihrer Höhe, bis zu drei Meter wurden schon bei Exemplaren gemessen. Allerdings blühen sie in sehr unregelmäßigen Abständen.

291 Lösung:
Sich küssende Galápagos-Schildkröten.

292 Lösung: a)
Schon vor 2300 Jahren entstand in der Küstenwüste Perus das älteste bekannte Sonnenobservatorium Amerikas – die Kultstätte Chanquillo. Auf einem lang gestreckten Hügelkamm an der peruanischen Pazifikküste, rund 400 Kilometer südlich von Lima, steht eine Reihe von 13 würfelförmigen Türmen, die lange als Teil einer Befestigungsanlage gedeutet wurden. Dann kam heraus, dass die Anlage von der indigenen Bevölkerung dazu genutzt wurde, die Jahreszeiten zu bestimmen. Die von Nord nach Süd im Abstand von etwa fünf Metern angeordneten, auf die Zeit um 300 v. Chr. datierten Bauten stehen so, dass die Sonne am Tag der Sommersonnenwende über dem südlichsten, am Tag der Wintersonnenwende über dem nördlichsten Turm auf- bzw. untergeht.

293 Lösung: a)
Die Zafimaniry, eine rund 25 000 Menschen umfassende Untergruppe der Betsileo, siedeln seit dem 18. Jahrhundert im zentralen Hochland von Madagaskar. Als einzige der auf der Insel heimischen Ethnien haben sie die einst weit verbreitete Kunst der Holzverarbeitung bewahrt und es sowohl als Förster wie auch als Schreiner und Holzschnitzer zu wahrer Meisterschaft gebracht. Sie kennen den Wald und mehr als 20 verschiedene endemische Baumarten, deren Holz sie für spezifische Zwecke zu nutzen wissen.

294 Lösung: a)
Abgeleitet aus dem Spanischen bedeutet »Porteños« soviel wie Hafenbewohner, der Name der Bewohner von Buenos Aires bezieht sich also allgemein auf die Lage der Stadt.

295 Lösung: c)
Seit den Zeiten der Inkas verbindet eine Brücke aus Grasseilen die Dörfer, und das alljährliche rituelle Neuknüpfen sorgt dafür, dass das auch noch lange so bleibt. Die Hängebrücke Q'eswachaka überspannt auf einer Länge von 28 Metern den Rio Apurimac im Südosten Perus. Im Juni jeden Jahres versammeln sich über 1000 Anwohner zur traditionellen Restaurierung. Aus den Qoya-Gräsern werden zunächst dünne Seile, die Q'eswas, geflochten und dann zu dicken Tauen verwoben. Nachdem das neue Werk über die Schlucht gespannt und befestigt wurde, kann die alte Brücke in den Fluss gelassen werden.

296 Lösung: b) und c)

Die Sprache der Garifuna gehört zur arawakischen Sprachfamilie, enthält aber auch englische, französische, spanische und einige afrikanische Wörter. Sie ist ausschließlich mündlich überliefert und lebt in der traditionellen Musik der Garifuna fort. Da ihre Sprache in den Schulen nicht gelehrt wird und auch keine schriftliche Überlieferung kennt, besteht allerdings die Gefahr, dass mit ihr auch die besondere Kultur der Garifuna verschwindet. Seit 2008 gehören Sprache, Tanz und Musik der Garifuna zum Immateriellen Weltkulturerbe der UNESCO.

297 Lösung: c)

»Filetes« nennen die Künstler von Buenos Aires die farbenfrohen gemalten Ornamente, die in der argentinischen Hauptstadt Häuserwände und Ladenfenster, Reklameschilder, Taxis und Busse schmücken. Entstanden ist dieser Verzierungsstil tatsächlich zeitlich parallel zum europäischen Jugendstil an der Wende vom 19. zum 20. Jahrhundert. Seit 2015 gehört Fileteado zum Immateriellen Weltkulturerbe der UNESCO.

298 Lösung: b)

Die Duduk ist das traditionelle Holzblasinstrument der Armenier und ein nationales Kulturgut. Ihr Gebrauch lässt sich bis in die Zeit König Tigranes des Großen, der von etwa 95 bis 55 v. Chr. über Armenien herrschte, zurückverfolgen. Der einzigartige sanfte, melancholische Klang der Duduk verdankt sich dem bis zu zehn Zentimeter langen und drei Zentimeter breiten Doppelrohrblatt, das meist aus Schilfrohr gearbeitet ist. Der Körper des Instruments wird aus dem Holz des Aprikosenbaums gefertigt. Er hat sieben oder acht vordere Grifflöcher sowie ein hinteres Daumenloch und ist zwischen 28 und 40 Zentimeter lang. Seit 2008 gehört die Duduk zum Immateriellen Weltkulturerbe.

299 Lösung: a) und b)

Akupunktur und Moxibustion sind beides Behandlungsmethoden der Traditionellen Chinesischen Medizin, die den menschlichen Körper als sich selbst regulierendes Ganzes begreift, dessen Teile durch Leitbahnen miteinander verbunden sind, in denen eine die Organfunktionen steuernde Lebensenergie (Qi) strömt. Im Falle der Akupunktur setzt der Therapeut feine Nadeln unter die Hautoberfläche. Bei der Moxibustion werden Kügelchen aus getrocknetem Beifuß (Moxa) über bestimmten Therapiepunkten am Körper entzündet und verglimmen.

300 Lösung: c)

Auf der 85 Kilometer vor der Südküste Koreas gelegenen Insel Jejudo tauchen Frauen seit vielen Generationen ohne Sauerstoffflaschen in Tiefen bis zu zehn Metern nach Schalentieren. Beim Auftauchen geben die Frauen signifikante Pfeiftöne von sich, die durch das Austauschen der Luft entstehen und ihnen das Wiedereintauchen erleichtern. Die Ausbildung beginnt im zarten Alter von sechs Jahren mit Schwimm- und Tauchübungen und dauert bis zum 17. Lebensjahr. Die meisten Frauen tauchen bis ins hohe Alter von 70 oder gar 80 Jahren. Seit 2016 gehört die Tauchart der Haenyeo (»Seefrauen«) zum Immateriellen Weltkulturerbe der UNESCO.

303 Lösung: a)

Khon, das traditionelle Tanztheater Thailands, bringt Episoden aus dem Heldenepos Ramakian – die thailändische Version des indischen Ramayana – zur Aufführung. An den Inszenierungen wirken oft mehr als 100 Darsteller mit. Der Held des Dramas, Phra Ram, und sein Gegner Thotsakan treten immer mit einem großen Gefolge aus Affen und Dämonen gegeneinander an. Alle Charaktere tragen prachtvolle Masken sowie kunstvoll gearbeitete Kostüme. 2018 wurde Khon zum Immateriellen Weltkulturerbe der UNESCO ernannt.

PS: Kabuki ist eine japanische Theaterform, die für ihre leidenschaftlichen und emotional ausschweifenden Ausdrucksformen berühmt ist.

301 Lösung: a)

In einem kleinen Ziegelbau am Stadtrand von Ivrea gründete Camillo Olivetti im Jahr 1908 eine Werkstatt, in der er mit einigen Technikern die Schreibmaschine »M 1« entwickelte. Mit ihr begründete er den Erfolg der nach ihm benannten Firma, die lange der größte und wichtigste Arbeitgeber der wirtschaftlich und sozial eng mit der Unternehmensgeschichte von Olivetti verbundenen Stadt war.

302 Lösung: b)

Kaum eine andere künstlerische Praxis repräsentiert die chinesische Kultur so unmittelbar wie die Kalligrafie. Sie hat sich parallel zur chinesischen Schrift entwickelt und ist dabei eine besondere Kunstform geworden, die bis heute praktiziert wird. Die Werkzeuge eines Kalligrafen nennen sich »die vier Schätze des Gelehrtenzimmers« – Pinsel, Tusche, Papier und ein Reibstein für das Anreiben der Tusche.

304 Lösung:

São Miguel, Santa Maria, Pico, Faial, São Jorge, Terceira, Graciosa, Flores und Corvo

305

Lösung: b)

»El Güegüense« ist der Titel eines der ältesten indigenen Theaterstücke Amerikas. Es wurde vermutlich im 17. Jahrhundert oder frühen 18. Jahrhundert von einem unbekannten Autor verfasst, lange Zeit in mündlicher Form überliefert und 1942 erstmals in Buchform veröffentlicht. Güegüense ist ein fahrender Händler und sowohl Spanisch als auch Nahuatl sprechender Mestize, der von einem Gouverneur als Vertreter der spanischen Kolonialmacht verfolgt und der Steuerhinterziehung angeklagt wird. Im Lauf des Stücks gelingt es ihm durch ein ständiges Changieren zwischen Spanisch und Nahuatl, durch Sprachwitz und Wortakrobatik, den Gouverneur zu überlisten. Das Stück endet mit der Heirat zwischen Güegüenses Sohn und der Tochter des Gouverneurs. Seit 2008 ist es Immaterielles Weltkulturerbe der UNESCO.

306

Lösung: c)

Über Jahrzehnte waren sie die einfachste und verlässlichste Methode, die schweren Kaffeesäcke aus dem Hochland zur Pazifikküste zu bringen. Die Wege waren holprig, wiesen Schlaglöcher auf oder waren matschig, sodass man rustikale Transportmittel wie den Ochsenkarren brauchte. Dass es nicht bei der simplen Holzausstattung blieb, gründet auf der Idee von Isidro Chaverri, der im Jahr 1903 die Räder seines Ochsenkarrens in den Nationalfarben des Landes bemalte.

307

Lösung: b)

Diese fünf Inselgruppen im Südpazifik sind alle unbewohnt. Umso reichhaltiger haben sich hier Flora und Fauna entwickelt.

PS: Die Gesellschaftsinseln gibt es auch, sie gehören als Archipel aber zu Französisch-Polynesien und sind bewohnt.

308

Lösung:

Sie gehören zu einem geografisch als Insel definierten Landstück, das nicht wie üblich einem Staat zugeordnet wird, sondern zwei Staaten, die sich das Eiland teilen: Usedom teilen sich Deutschland und Polen, Irland die Republik Irland und Nordirland, das aber zum Vereinigten Königreich gehört. Auf der Insel Hispaniola liegen die Staaten Dominikanische Republik und Haiti.

309

Lösung: c)

Seit Jahrhunderten regulieren die Oromo ihre sozialen, ökonomischen und kulturellen Aktivitäten im Rahmen einer »Gada« genannten Regierungsform, die die Partizipation aller garantieren soll. Überwiegend sind dabei zwar noch immer nur Männer zugelassen, dennoch unterbindet das Rotationsprinzip einseitige Machtüberschreitungen. Die männlichen Mitglieder der Gemeinschaft werden zu Gruppen zusammengefasst, die ihrem Alter gemäße Rollen wie Schüler, Krieger, Berater oder Anführer übernehmen. Alle acht Jahre wechseln sie jedoch die Rolle und damit den Status.

310

Lösung:
Venedig. Die Piazzetta mit Dogenpalast ist die »kleine Schwester« des Markusplatzes. Auf den Säulen thronen Venedigs Stadtheilige: Markus, symbolisiert durch den Markuslöwen, und Theodorus auf einem Krokodil posierend.

312

Lösung: b)
Oscar Niemeyer und Lúcio Costa, die beiden Chefarchitekten und obersten Stadtplaner Brasiliens, wollten eine moderne, progressive und funktionell gestaltete Stadt schaffen. Im Grundriss zeigt Brasília die Form eines fliegenden Vogels oder eines Flugzeugs. Seit 1987 gehört die Stadt zum UNESCO-Weltkulturerbe.

314

Lösung:
Der Name geht auf einen gewissen Samuel Wilson zurück, der die US-Armee während des Kriegs 1812 mit Fässern voller Rindfleisch belieferte. Auf diese Fässer war »U.S.« gestempelt, was sich natürlich auf die United States bezog, doch die Soldaten bezeichneten die unbeliebten und wenig schmackhaften Konserven nach dem Lieferanten. Dann hieß es: »Uncle Sam« hat wieder neue Rationen geschickt.

311

Lösung: b)
Abba ist eine der Lieblingsbands der Wissenschaftler Volker Framenau und Pedro Castanheira von der Murdoch Universität in Perth. Ihre drei bis vier Millimeter große Neuentdeckung nannten sie daher: »Abba transversa«.

313

Lösung: b)
Ausgangspunkt für die Industrielandschaft von Fray Bentos war die 1865 von dem deutschen Ingenieur Christian Giebert gegründete Liebig Extract of Meat Company. Ihren Namen verdankt sie dem Chemiker Justus von Liebig, der 1847 ein Verfahren zur Gewinnung von Fleischextrakt erfunden hatte und an dem Unternehmen beteiligt war. Das Unternehmen war in der Tat ein voller Erfolg. Aufgrund der in Uruguay in großem Maßstab betriebenen Rinderzucht war Fleisch dort zu Spottpreisen und im Überfluss vorhanden. Der Ort ist seit 2015 UNESCO-Weltkulturerbe.

315

Lösung:
Nicht nur der Kangchendzönga und seine Nebengipfel, sondern viele der Höhlen und Gewässer in dem Gebiet werden von den Völkern Sikkims als heilig verehrt. Die Erzählungen und Riten, in denen die heilige Bedeutung des Berges überliefert ist, wurden in die buddhistische Glaubenslehre integriert. Daher hat die UNESCO den Nationalpark sowohl zum Natur- als auch zum Kulturerbe ernannt.

316

Lösung: b)

Die EU hat 24 Amtssprachen: Bulgarisch, Dänisch, Deutsch, Englisch, Estnisch, Finnisch, Französisch, Griechisch, Irisch, Italienisch, Kroatisch, Lettisch, Litauisch, Maltesisch, Niederländisch, Polnisch, Portugiesisch, Rumänisch, Schwedisch, Slowakisch, Slowenisch, Spanisch, Tschechisch und Ungarisch.

317

Lösung: a)

Himmelsbestattungen sind heute noch in Tibet oder Mumbai üblich. Der Leichnam wird dann entweder von speziellen Leichenbestattern, den Ragyapas, zerlegt oder auf sogenannten Türmen des Schweigens abgelegt und unter freiem Himmel vorher angelockten Geiern überlassen. Die verbleibenden Knochen werden zermahlen, mit geröstetem Gerstenmehl vermischt und ebenfalls für die Bartgeier verstreut. So nehmen die Geier mit dem Toten auch dessen Seele mit in das Bardo, den Zustand zwischen Tod und Wiedergeburt. Diese Form der Bestattung gilt als sehr tugendhaft, schützt sie doch wiederum andere Lebewesen vor den Geiern und schließt den Kreislauf der Natur.

318

Lösung: b)

Nach dem Tod leben die Menschen weiter, glauben viele Madagassen. Die Ahnen sollen zwischen Mensch und Gott vermitteln. Deshalb ist die sogenannte Famadihana das wichtigste Ritual im Ahnenkult auf Madagaskar. Die rituelle Umbettung findet mindestens alle zehn Jahre statt, meist zeitlich bestimmt von einem Schamanen. Die Leichname werden aus den Gräbern genommen und erhalten neue, kostbare Kleidung. Nach den Festlichkeiten mit Tanz, Gesang und kulinarischen Genüssen, bettet man die Toten wieder in die Gruft mit einer Art Wandregal zur Ruhe, allerdings eine Stufe höher. Auf der höchsten Stufe angekommen, sind sie bei den Ahnen, und eine Umbettung ist nicht mehr nötig.

PS: Auch wenn traditionelle Riten und Bräuche meist als unantastbar gelten sollen, gibt es hier oftmals hygienische Probleme, und Madagaskar hatte in der Vergangenheit wiederholt mit Pestepidemien zu tun.

319

Lösung: a)

Augustinus war ein römischer Kirchenbischof, Gelehrter und Philosoph.

320 Lösung: c)

Shou Bao heißt übersetzt »Geburtstagsbrötchen« und wird oft auch als »Langlebigkeitspfirsich« bezeichnet. Das Gebäck besteht aus einem gedämpften Teig mit Lotossamenfüllung und hat die Form eines Pfirsichs. In der südostchinesischen Kultur wird Shou Bao zu Geburtstagen verschenkt, als Wunsch für viele weitere Geburtstage in der Zukunft.

321 Lösung: c)

Die Pointe de Grave in Südwestfrankreich – dort, wo sich die Gironde in den Atlantik ergießt – ist ein tückisches Gewässer. Die Kapitäne früherer Zeiten fürchteten sich vor der Einfahrt in diesen maritimen Mündungstrichter, in dem das Wasser kommt und geht und sich über Nacht Sandbänke bilden, die wenige Tage später wieder unter meterhohen Wellen verschwinden. Um zu verhindern, dass noch mehr Schiffe in diesem auch als »Friedhof der Seeleute« berüchtigten Tor zu Aquitanien kenterten, befahl Heinrich III. (1551–1589), einen weithin sichtbaren Leuchtturm zu errichten. Der Leuchtturm von Cordouan ist der einzige mitten im Meer gelegene Turm seiner Art, der noch immer besucht werden kann.

322 Lösung: a)

Neukaledonien erstreckt sich über eine Fläche von insgesamt knapp 18 600 Quadratkilometern. Es umfasst neben der Hauptinsel Grand Terre mehrere kleine Korallen- sowie zwei Vulkaninseln. Die Inselgruppe kam im Jahr 1853 unter die Herrschaft Frankreichs, ist eine Überseegebietskörperschaft und hat den Sonderstatus Collectivité sui generis; geografisch gesehen gehört Neukaledonien zu Melanesien.

323 Lösung: b)

Taputapuatea auf der zu den französisch-polynesischen Gesellschaftsinseln gehörenden Insel Raiatea zeugt von der Ma'ohi-Kultur. Die im weiträumigen Gebiet des Pazifiks verstreuten Inseln gehören zu den letzten von Menschen besiedelten Regionen der Erde. Wichtigstes Kulturzeugnis ist ein Marae – eine gepflasterte Plattform mit einem hohen Stein in der Mitte als Ort des zeremoniellen Austauschs zwischen der Welt der Lebenden und der der Vorfahren (Ma'ohi). 1994 wurden hier Überreste des Marae von Taputapuatea (von »Taputapu« – »das Heiligste« und »atea« – »groß«) entdeckt und restauriert.

324 Lösung:
Die Region nördlich von Portovenere mit den »fünf Ortschaften« (»Cinque Terre«) Monterosso, Vernazza, Corniglia, Manarola und Riomaggiore sowie den Inseln Palmaria, Tino und Tinetto ist einer der landschaftlich reizvollsten Küstenabschnitte der Riviera. Spektakulär kleben die pittoresken Dörfer an Felsen und Buchten der ligurischen Steilküste zwischen Levanto und Portovenere.

325 Lösung:
Errichtet wurden diese Türme von den im Handel reich gewordenen Adelsfamilien der Stadt. Die ursprünglich 72 Bauwerke dienten nicht nur dem Wohnen und dem Schutz ihrer Besitzer, sondern auch und vor allem der Repräsentation. Heute sind noch 15 dieser Türme erhalten.

326 Lösung: a)
Die Sundarbans im Ganges-Brahmaputra-Delta sind das größte Mangrovengebiet der Erde. Über die Hälfte entfällt auf den indischen Teil Bengalens, der Rest liegt in Bangladesch. Die Sundarbans sind auch ein Refugium für den vom Aussterben bedrohten Bengalischen Tiger. Kennzeichnend für Mangroven sind einerseits die salztolerante Überlebnsfähigkeit, andrerseits das Luftwurzelsystem, das die Sauerstoffzufuhr sichert. Das reiche Ökosystem dieser Feuchtgebiete ist als Übergangszone zwischen Salz- und Süßwasser Lebensraum für unterschiedlichste Tiere.

327 Lösung:
Die Äolischen Inseln, rund 40 Kilometer vor der Nordküste Siziliens gelegen, verdanken den Welterbestatus ihrer vulkanischen Aktivität. Geologisch und geophysikalisch sind sie für die Vulkanismusforschung von großer wissenschaftlicher Bedeutung. Zu den Äolischen – oder Liparischen – Inseln gehören Vulcano, Lipari, Alicudi, Filicudi, Salina, Panarea und Stromboli.

328 Lösung: b)
Die Trulli in dem unweit der Adriaküste rund 60 Kilometer südöstlich von Bari gelegenen apulischen Ort Alberobello sind weiße, zylindrisch geformte Rundhäuser mit einem kuppelförmigen Steindach und einem einzigen Raum. Seit 1996 gehören sie zum UNESCO Weltkulturerbe.

329 Lösung: b)
Die Glaspyramide im Innenhof des Louvre, ein Werk des amerikanischen Architekten chinesischer Herkunft Ieoh Ming Pei, markiert seit dem Jahr 1989 den Haupteingang des Musée du Louvre.

330 Lösung: a)
Die Skyline von Washingtons größter Stadt Seattle wird von der Space Needle dominiert. Der Turm ist 184 Meter hoch.

331 Lösung: c)
Eukonkanto, der Wettkampf im Frauentragen, ist seit 1992 eine Weltmeisterschaft, die in der kleinen Gemeinde Sonkajärvi ausgetragen wird. Der Wettlauf hat sogar eine historische Komponente, die der gängigen Praxis der Brautentführung bei Hochzeiten entspricht, bei der der Bräutigam seine Braut finden und auslösen muss. Die Paare hier treten allerdings als einvernehmliches Team und mit sportlichem Ehrgeiz auf.

332 Lösung: c)
Seit 2005 ist Naypyidaw die Landeshauptstadt, davor war es Rangun.

333 Lösung: a)

334 Lösung: b)
Wie dieses Foto beweist, sind Hängematten durchaus auch etwas für Adrenalin-Junkies. Rund 200 Meter über der Tijesno-Schlucht in Bosnien und Herzegowina reihten sich beim Drill & Chill Climbing and Highlighting Festival 2016 insgesamt 17 Hängematten an einer 80 Meter langen Zipline aneinander. »Drill and Chill« heißt wörtlich: »Schrauben und Abhängen«, das Festival hat in der Kletterszene unterdessen einen regelmäßigen Platz im Jahreskalender.

335

Lösung: a)

Die Avenue des Champs-Élysées ist die berühmteste Prachtstraße von Paris. Sie beginnt an der Place de la Concorde und endet an der Place Charles de Gaulle mit dem Arc de Triomphe, in den Jahren 1806 bis 1836 errichtet zum Ruhm der napoleonischen Armee.

336

Lösung: b)

Caminito del Rey, »Königspfad«, heißt der abenteuerliche Weg in Andalusien, den man dank gut renovierter Absicherungen seit dem Jahr 2015 gefahrlos begehen kann.

337

Lösung:

A = Mäusebussard, B = Falke, C = Habicht, D = Sperber

338

Lösung: c)

Sie heißen: Isola Madre, Isola Bella, Isola dei Pescatori, Isolino di San Giovanni und Scoglio della Malghera.

339

Lösung: b)

Die beiden Bronzebrunnen Fontaine des Mers und Fontaine des Fleuves auf der Place de la Concorde in Paris schuf Jakob Ignaz Hittorff (1792–1867), ein französischer Architekt deutscher Herkunft.

340

Lösung: b)

Wie eine kolossale Echse mit grünem Panzer schmiegt sich diese Felsbucht um den Navagio Beach auf der griechischen Insel Zakynthos. Das seichte Meer leuchtet knallig türkis, ein Schiffswrack zeugt von menschlichen Spuren. Für viele Besucher der Insel ist die Bucht ein Highlight.

341

Lösung: a) und b)

Mehrere Wochen fliegen Zugvögel durch die Lüfte, um ihr Winter- oder Sommerquartier zu erreichen. Dabei werden die Vögel zu ganz besonderen Leistungen angetrieben, nicht nur was die Flugstrecken angeht, sondern auch in Bezug auf den Schlaf. Meist schläft nur eine Hirnhälfte, aber die Tiere können auch den »Autopiloten« einschalten und mit beiden Hirnhälften schlafen. Dann fällt der Kopf leicht auf die Brust. In der Luft bleiben die Augen im Schlaf geöffnet und richten sich meist in Richtung möglicher Gefahren. Weiterhin sind sie geschickte Räuber der Lüfte und jagen oft anderen Vögeln die gerade erworbene Beute ab. Daher stammt auch der Name: Fregatten heißen attackierende Kriegsschiffe.

PS: Der rote Kehlsack der männlichen Vögel dient allein dem Anlocken der Weibchen während der Balzzeit.

342 Lösung: c)
Noch nicht lange ist Asinara nahe Sardinien ein beliebtes Ausflugsziel. 1885 wurde das Eiland offiziell zur Gefängnis- und Quarantäneinsel deklariert und während des Zweiten Weltkriegs als Kriegsgefangenenlager genutzt. Woher die hier lebenden Albino-Esel ursprünglich stammen, ist nicht geklärt, aber es gibt zahlreiche Legenden, die besagen, sie seien aus Sardinien oder Ägypten importiert. Die Population gilt aktuell aber leider als bedroht.

343 Lösung: b)
Die teilweise sichtbaren Kettenelemente symbolisieren die Freiheit und die Unabhängigkeit sowie die Befreiung von Unterdrückung und Sklaverei. Das Datum July IV MDCCLXXVI ist das Datum der Unabhängigkeitserklärung gegenüber den britischen Kolonialmächten.

344 Lösung: b)
Der Kebnekaise misst 2097 Meter und gilt damit als höchster Gipfel Schwedens.

PS: Der Tuolpagorni ist dem Kebnekaise vorgelagert, aber nur 1662 Meter hoch. Der Kaskasapakte ist 2043 Meter hoch und gilt als alpin sehr anspruchsvoll.

345 Lösung: a)
PS: Bis 1974 war Daressalam die Hauptstadt von Tansania und ist bis heute Regierungssitz des Landes.

346 Lösung: b)
Hinter dem verheißungsvollen Namen Sansibar steckt geografisch ein Archipel aus drei Inseln: Unguja, auch Sansibar im Sprachgebrauch, Pemba und Mafia. Die Inseln liegen vor der Küste Tansanias.

347 Lösung: a)
Als ein fast perfektes, auf den Kopf gestelltes »Y« schmiegen sich die drei Arme des Comer Sees südlich und westlich des Monte Legnone in die Täler.

348 Lösung: a)
Rorbu (Mehrzahl: Rorbuer) setzt sich aus den norwegischen Wörtern für Rudern und Wohnen zusammen. Die rote Farbe wurde ursprünglich aus dem billigen, aber wetterabweisenden Tran hergestellt, heute gilt sie als charmantes Markenzeichen der Fischerhütten.

PS: Hjerte heißt »Herz« und Vindu »Fenster« auf Norwegisch.

349 Lösung: b)

Das Teatre-Museu Dalí an der Plaça Gala-Salvador Dalí in Figueres ist gleichzeitig das größte surrealistische Objekt der Welt: das 1974 gegründete Dalí-Theater-Museum. Das Dach schmückte der Künstler mit riesigen Eiern, ein Lieblingssymbol Dalís für Hoffnung und Liebe. Heute beherbergt die Fundació Gala-Salvador Dalí verschiedene Sammlungen sowie mehrere Tausend Objekte aus allen Schaffensperioden seines Lebens.

PS: In Figueres kam der weltberühmte Künstler im Jahr 1904 auf die Welt.

350 Lösung: b)

Divi-Divi-Bäume gehören zu den Johannisbrotgewächsen, sie säumen die Strände in Aruba und werden in Pokalform bei den Aruba Film Festivals überreicht. Sie sind hier aber nicht endemisch und wachsen auch auf anderen Inseln der Karibik sowie in Küstengebieten Zentral- und Mittelamerikas.

351 Lösung: a)

Neben den prominenten Gebirgszügen Polleroswand, Rax und Schneeberg sieht man vom Aussichtspunkt auch den Kalte-Rinne-Viadukt der Semmeringbahn. Ihr Abbild zierte einst die Rückseite der 20-Schilling-Banknote.

352 Lösung: b)

353

Lösung: *Sonnentau, eine fleischfressende Pflanze*

354 Lösung: a)

Der Polarkreis liegt 250 Kilometer südlicher, zum Nordkap sind es 460 Kilometer – der finnische Ort Kakslauttanen liegt im berühmten »Middle of Nowhere«, hat aber dennoch einen zentralen Anziehungspunkt: das Kakslauttanen Arctic Resort mit urigen Blockhütten und kitschigen Königinnensuiten, dampfenden Saunen und natürlich einem »Haus des Weihnachtsmanns«. Doch die meisten wollen in den Glasiglus nächtigen, die zur Winterzeit wie leuchtende Kokons im Schnee liegen.

355 Lösung: a)

Kiruna lebt vom Eisenerz. Genauer gesagt, von einer der größten Erzminen dieser Erde. Die Industriestadt hat sich hier wegen der gigantischen Rohstoffvorkommen angesiedelt, jetzt muss sie ihretwegen umziehen – die komplett aus Holz errichtete Kirche von 1912 mit ihrem Glockenturm ebenso wie der Turm des Stadthauses, eines der Wahrzeichen Kirunas. Um die Erzvorkommen unter dem Ortskern abbauen zu können, ohne dass ganze Straßenzüge einstürzen, müssen Menschen und Bauwerke wenige Kilometer nach Osten ziehen, ein Jahrhundertprojekt.

356 Lösung: c)
»Stadt der vier Tore« nennt sich Neubrandenburg gerne, eine Bezeichnung, die durchaus zutrifft, denn auf etwa 2300 Meter Länge umschließt die mittelalterliche Stadtmauer mit bis zu sieben Metern Höhe nahezu vollständig das historische Stadtzentrum. Eingebettet in den fast kreisrunden Mauerring sind die vier wunderschön anzusehenden spätgotischen Stadttore aus dem 13. bis 15. Jahrhundert: das Friedländer Tor, das Stargarder Tor, das Treptower Tor und das Neue Tor.

357 Lösung: a)
Die weltweit größte Eishöhle ist ein über 47 Kilometer langes, auf rund 30 000 Quadratmetern mit einer Eisglasur überzogenes unterirdisches Labyrinth bei Werfen im Salzburger Land. Von Anfang Mai bis Ende Oktober ist die Eisriesenwelt für Besucher geöffnet, die Führungen gewähren spektakuläre Blicke in das Höhleninnere mit riesigen Felsdomen, glitzernden Eisseen und gefrorenen Wasserfällen.

358 Lösung: c)
Der portugiesische Seefahrer lebte von 1469 bis 1524.

PS: Sir Francis Drake (1540–1596) war ein englischer Entdecker, und James Cook (1728–1779) war erst im 18. Jahrhundert auf den Weltenmeeren unterwegs.

359 Lösung: a)
Seine Schönheit verdankt der Nationalpark Una in Bosnien und Herzegowina drei Flüssen, die als leuchtend blaugrüne Bänder durch die Landschaft mäandern, über Kaskaden springen, Seen formen und Tuffsteinbecken füllen. Entstanden sind dadurch entlang Una, Unac und Krka einzigartige Biotope.

360 Lösung: b)
1978 wurden die ersten zwölf Welterbestätten von der UNESCO ernannt, darunter der Aachener Dom. Eindrucksvoll ist bei dem Aachener Dom unter anderem der byzantinisch beeinflusste achteckige Mittelbau.

PS: Speyerer Dom und Würzburger Residenz folgten in die Liste bereits im Jahr 1981.

361 Lösung: a)
»Pueblos« ist der Sammelname für zahlreiche indigene Völker im Rio Grande Valley der USA, die nach den prähistorischen Anasazi dieses Gebiet besiedelten und hauptsächlich vom Ackerbau lebten. Die Spanier gaben ihnen der Einfachheit halber diesen Namen, weil die Dörfer mit den klobigen Bauten aus Adobe-Lehm sie an kleine Orte in ihrer Heimat erinnerten. Nach einem erbitterten Aufstand gegen die spanischen Eroberer gelang es den Pueblos, ihre Eigenständigkeit zu bewahren. In ihren Dörfern leben sie ähnlich wie vor 300 Jahren.

362 Lösung: c)

Der Turm der hochgotischen dreischiffigen St.-Bartholomäus-Kathedrale ist mit 103 Metern der höchste Kirchturm Tschechiens. Im Inneren ist besonders die Pilsener Madonna von Bedeutung. Um ihre Entstehung ranken sich mehrere Legenden, und angeblich soll sie Kranke heilen sowie Sünder bestrafen.

363 Lösung: a)

Zur feierlichen Einweihung der Rathausturmuhr sollte ein Festmahl bereitet werden, doch dem Küchenjungen brannte die Rehkeule an – kurzerhand stahl er zwei junge Ziegenböcke, um das Essen noch retten zu können. Doch die Tierchen entwischten und flohen auf den Turm hinauf, zur Freude der Festgäste, die sogleich ein »Denkmal« für das Ereignis forderten. So erzählt zumindest die Legende den Ursprung für die zwei Ziegenböcke aus Holz oberhalb der Uhr. Täglich um zwölf Uhr erscheinen sie und stoßen zwölfmal ihre goldenen Hörner zusammen.

364 Lösung: b)

Wie können Mensch und Natur in Einklang leben, wie gelingt nachhaltiges Wirtschaften? Wie lässt sich die Biodiversität schützen? Die UNESCO-Biosphärenreservate wollen darauf seit über 50 Jahren eine Antwort geben – auf einer Fläche so groß wie Australien. Biosphärenreservate sind geschützte Lebensräume, die der UNESCO zufolge zugleich »Lernorte für nachhaltige Entwicklung« sind, um »lokale Lösungen für globale Herausforderungen« zu bieten. Ob in der Wüste, im Dschungel, auf dem Meer oder an der Küste – jedes Ökosystem verlangt Lösungen, welche die Erhaltung der biologischen Vielfalt mit ihrer nachhaltigen Nutzung in Einklang bringen.

365 Lösung:

Poseidon – Gott des Meeres
Apollon – Gott des Lichts, der Heilung und des Friedens
Artemis – Göttin der Jagd
Aphrodite – Göttin der Liebe
Demeter – Göttin der Fruchtbarkeit
Hermes – Gott des Handels und der Reisenden

Poseidon Apollon Artemis Aphrodite Demeter Hermes

Bildnachweis

C = Corbis, G = Getty Images, M = Mauritius Images

Cover: Patrick Tümmers

S. 8 Samib123/Shutterstock.com; S. 8 Nata_Alhontess/Shutterstock.com; S. 9 Joseph Sohm/Shutterstock.com; S. 9 aksol/Shutterstock.com; S. 10 relverstock/Shutterstock.com; S. 10 Vixit/Shutterstock.com; S. 11 Ken Griffiths/Shutterstock.com; S. 12 M/Steve Bloom; S. 13 M/Joseph Austin; S. 15 traveladdict/Shutterstock.com; S. 15 Suttipon Thanarakpong/Shutterstock.com; S. 16 by-studio/Shutterstock.com; S. 17 solkafa/Shutterstock.com; S. 17 G/James Warwick; S. 18 M/Vlad Ghiea; S. 18 G/Arterra; S. 19 G/Claudio Cantu' – Kantois; S. 19 G/Christopher Pillitz; S. 20 G/Wandycz Kasia; S. 20 Zuzule/Shutterstock.com; S. 21 G/David Trood; S. 21 Hung Chung Chih/Shutterstock.com; S. 22 Malenkka/Shutterstock.com; S. 23 Hourvari/Shutterstock.com; S. 24 khlungcenter/Shutterstock.com; S. 24 gary718/Shutterstock.com; S. 24 Rich Carey/Shutterstock.com; S. 25 M/Jim Zuckerman/ Jaynes Gallery / Danita Delimont; S. 26 C/Miles Ertman; S. 27 G/Saurabh; S. 27 M/Ivan Vdovin; S. 27 M/Alamy; S. 27 Diego Grandi/Shutterstock.com; S. 28 G/Jeremy Woodhouse; S. 29 Look/age fotostock; S. 29 monticello/Shutterstock.com; S. 30 G/Gwengoat; S. 30 G/Francesca Cerretani / EyeEm; S. 32 Giorgia Basso/Shutterstock.com; S. 33 M/Mauro Toccaceli; S. 33 M/Alamy; S. 34 Grzegorz Semeniuk/Shutterstock.com; S. 34 G/Agf; S. 35 Look/Heinz Wohner; S. 35 Delpixel/Shutterstock.com; S. 36 Look/Manuel Bischof; S. 36 Alexandra Solovyeva/Shutterstock.com; S. 37 Ola/Shutterstock.com; S. 37 G/Sylvain Sonnet; S. 38 G/Alf; S. 38 M/Hiroshi Higuchi; S. 39 spline_x/Shutterstock.com; S. 40 Look/Travel Collection; S. 40 Darabubamara/Shutterstock.com; S. 40 Darabubamara/Shutterstock.com; S. 40 Darabubamara/Shutterstock.com; S. 40 Darabubamara/Shutterstock.com; S. 42 G/FotoVoyager; S. 42 Mike Mareen/Shutterstock.com; S. 43 M/Dalibor Brlek; S. 43 M/Alamy; S. 43 makasana photo/Shutterstock.com; S. 43 G/Paul Souders; S. 44 G/Sven Zacek; S. 44 Peter Lundgren/Shutterstock.com; S. 44 Mrinal Pal/Shutterstock.com; S. 45 Simlinger/Shutterstock.com; S. 45 Marian Cazacu/Shutterstock.com; S. 45 Marco Maggesi/Shutterstock.com; S. 46 G/Alexi Rosenfeld; S. 47 G/Christina Krutz; S. 48 Look/age fotostock; S. 48 clearlens/Shutterstock.com; S. 49 Zmrzlinar/Shutterstock.com; S. 50 G/Pedre; S. 50 M/Alberto Biscaro; S. 51 Sean Pavone/Shutterstock.com; S. 52 Tupungato/Shutterstock.com; S. 53 Tatohra/Shutterstock.com; S. 54 Look/Andreas Strauß; S. 54 Kaimen/Shutterstock.com; S. 54 M/Jan Csernoch; S. 54 sculpies/Shutterstock.com; S. 55 G/Anna Gorin; S. 55 M/Jochen Tack; S. 56 Niks Freimanis/Shutterstock.com; S. 56 Look/Tobias Richter; S. 58 M/Cavan Images; S. 59 Ken Griffiths/Shutterstock.com; S. 59 Sergey Goryachev/Shutterstock.com; S. 60 M/Joseph Austin; S. 62 Suttipon Thanarakpong/Shutterstock.com; S. 62 G/James Warwick; S. 64 G/Stefan Ziese; S. 65 M/Werner Dieterich; S. 65 Stootsy/Shutterstock.com; S. 65 picture alliance/Dumont Bildarchiv/Franz Marc Frei; S. 65 G/Anze Buh; S. 66 BearFotos/Shutterstock.com; S. 66 M/Alamy; S. 66 G/Borut Furlan; S. 67 G/Patrick Aventurier; S. 68 G/Gonzalo Azumendi; S. 68 kavalenkava/Shutterstock.com; S. 69 M/V. Dorosz; S. 70 Mia2you/Shutterstock.com; S. 71 G/Arkadiusz Warguła; S. 71 Sergey Ginak/Shutterstock.com; S. 72 G/Zhouyousifang; S. 72 Tatyana Vyc/Shutterstock.com; S. 73 M/Matthias Wehnert; S. 73 G/Martin Siepmann; S. 73 M/Naum Chayer; S. 73 G/Andrea Pistolesi; S. 74 G/Marius Roman; S. 78 Jiri Vondrous/Shutterstock.com; S. 78 KYTan/Shutterstock.com; S. 79 G/James Osmond; S. 82 Jacq HM/Shutterstock.com; S. 83 G/Mac99; S. 83 S-F/Shutterstock.com; S. 84 Choksawatdikorn/Shutterstock.com; S. 84 bigyuthana/Shutterstock.com; S. 85 Ecuadorpostales/Shutterstock.com; S. 85 andres david ortiz torres/Shutterstock.com; S. 86 M/NASA; S. 87 Look/robertharding; S. 87 Alamy/Galen Rowell/Mountain Light; S. 88 Ken Griffiths/Shutterstock.com; S. 88 G/Martin Harvey; S. 90 G/H.R. Bowers; S. 90 M/Kike Calvo; S. 91 G/Yann Arthus-Bertrand; S. 91 buteo/Shutterstock.com; S. 92 G/Angelo Cavalli; S. 92 Artush/Shutterstock.com; S. 93 G/Joel Sartore; S. 94 M/Kevin Schafer; S. 95 G/David Ramos; S. 95 M/Gerald Nowak; S. 96 M/Alamy; S. 96 Dennis van de Water/Shutterstock.com; S. 97 Look/Andreas Strauß; S. 97 Mohammad.Nouri/Shutterstock.com; S. 98 G/TIZIANA FABI; S. 98 G/TIZIANA FABI; S. 99 Marina Santiaga/Shutterstock.com; S. 100 G/Irene Becker; S. 100 G/NurPhoto; S. 101 M/Chico Sanchez; S. 102 G/The Asahi Shimbun; S. 102 Jose Aldeguer/Shutterstock.com; S. 103 M/Mabelin Santos; S. 104 Oleg Senkov/Shutterstock.com; S. 105 C/Massimo Borchi; S. 106 Dmitry Erokhin/Shutterstock.com; S. 107 H. & D. Zielske; S. 107 Look/Photononstop; S. 107 C/Sylvain Sonnet; S. 108 JC Cuellar/Shutterstock.com; S. 108 Catarina Belova/Shutterstock.com; S. 109 G/Ivan Vdovin; S. 109 Gush Photography/Shutterstock.com; S. 110 G/Carol Yepes; S. 110 Look/age fotostock; S. 111 M/Karsten Wrobel; S. 113 DaLiu/Shutterstock.com; S. 114 Ed Phillips/Shutterstock.com; S. 114 G/Feifei Cui-Paoluzzo; S. 115 G/Allard Schager; S. 116 G/Maria Swärd; S. 117 M/Alamy; S. 118 Look/age fotostock; S. 118 railway fx/Shutterstock.com; S. 119 Alamy/Wildlife GmbH; S. 119 Alamy/Juniors Bildarchiv GmbH; S. 119 Alamy/Julian Brooks; S. 120 Look/Bernard van Dierendonck; S. 122 M/Heiti Paves; S. 123 G/Thehague; S. 123 Look/Konrad Wothe; S. 123 Paulo/Shutterstock.com; S. 124 Wonder-studio/Shutterstock.com; S. 124 M/Alamy; S. 125 M/Sergii Zinko; S. 125 G/Siegfried Layda; S. 126 M/Iain Masterton; S. 127 Look/Avalon.red2; S. 128 Heinsdorff Jularlak/Shutterstock.com; S. 129 G/Julian Elliott Photography; S. 131 Alamy/Stock Connection; S. 131 M/Alamy; S. 131 M/Franco Banfi; S. 131 Karen Dole/Shutterstock.com; S. 132 M/Marcus Beckert; S. 134 PhotocechCZ/Shutterstock.com; S. 135 Alexander Canas Arango/Shutterstock.com; S. 135 M/NASA; S. 137 scott mirror/Shutterstock.com; S. 139 Nico Adriaan Kelder/Shutterstock.com; S. 139 G/Wweagle; S. 140 G/David Ramos; S. 142 G/Yavuz Sariyildiz; S. 144 G/Yamil Lage; S. 145 G/Giraudou Laurent; S. 146 G/Patrick van Katwijk; S. 148 Look/Ernst Wrba; S. 149 Look/Martin Siering Photography; S. 149 topten22photo/Shutterstock.com; S. 150 Maurizio De Mattei/Shutterstock.com; S. 151 G/Mike Korostelev; S. 152 M/Alamy; S. 153 Look/ClickAlps; S. 153 M/Ben Schreck; S. 153 M/Alex Arnold; S. 154 Look/Hermann Erber; S. 154 Popova Valeriya/Shutterstock.com; S. 155 G/Trabantos; S. 155 Look/Konrad Wothe; S. 156 M/Alamy; S. 157 German Zuazo Mendoza/Shutterstock.com; S. 157 M/Christian Bäck; S. 158 Look/Avalon.red2; S. 158 G/Richard Maschmeyer; S. 159 M/Pavlos Manousiadis; S. 159 M/Jose Fuste Raga; S. 159 Heinsdorff Jularlak/Shutterstock.com; S. 160 Pit Stock/Shutterstock.com; S. 160 Nikiforov Alexander/Shutterstock.com; S. 164 anela.k/Shutterstock.com; S. 164 Scandphoto/Shutterstock.com; S. 165 Artiom Photo/Shutterstock.com; S. 165 G/Maremagnum; S. 166 Epine/Shutterstock.com; S. 166 Eteri Okrochelidze/Shutterstock.com; S. 167 Kleber Cordeiro/Shutterstock.com; S. 167 Sean Pavone/Shutterstock.com; S. 168 G/Eric Lafforgue; S. 169 MarleenS/Shutterstock.com; S. 171 G/Hisham Ibrahim; S. 171 M/Alamy; S. 172 Vadim Sadovski/Shutterstock.com; S. 172 G/Izzet Keribar; S. 173 M/Martin Demmel; S. 173 M/Ingo Arndt; S. 173 M/Alexander Semenov; S. 173 Bartosz Budrewicz/Shutterstock.com; S. 173 Earth theater/Shutterstock.com; S. 173 Shuvro172/Shutterstock.com; S. 173 Chintan Mehta/Shutterstock.com; S. 173 Animalgraphy/Shutterstock.com; S. 173 M/Franco Banfi; S. 173 M/Alamy; S. 174 G/Aprott; S. 174 Uwe Mueller/Shutterstock.com; S. 175 M/Alamy; S. 176 Vixit/Shutterstock.com; S. 176 Nikitin Victor/Shutterstock.com; S. 176 G/Marc Garanger; S. 177 M/Ron Steiner; S. 177 Eva Mont/Shutterstock.com; S. 178 G/Jay Dickman; S. 178 G/Janine Costa; S. 178 Omeris/Shutterstock.com; S. 179 M/Alamy; S. 180 G/Roijoy; S. 180 G/Eitan Abramovich; S. 181 M/Carl Miller; S. 182 Wire Dog/Shutterstock.com; S. 182 G/Blue Jean Images; S. 182 G/Yvan Cohen; S. 183 G/Inti Ocon; S. 184 Charnchai Wasinanont/Shutterstock.com; S. 184 Christopher Mazmanian/Shutterstock.com; S. 184 G/Moritz Wolf; S. 185 G/Eric Lafforgue; S. 185 Look/Katharina Jaeger; S. 186 Look/age fotostock; S. 187 EdenExit/Shutterstock.com; S. 187 G/Ajit; S. 189 M/Alamy; S. 189 Romix Image/Shutterstock.com; S. 190 Mark and Anna Photography/Shutterstock.com; S. 191 G/Guido Cozzi; S. 191 C/Grand Tour Collection; S. 192 G/Peter Adams; S. 192 G/Swasti Verma; S. 193 dibrova/Shutterstock.com; S. 193 Look/age fotostock; S. 194 Jurjen Veerman/Shutterstock.com; S. 194 Howard Sandler/Shutterstock.com; S. 195 H-AB Photography/Shutterstock.com; S. 195 Migel/Shutterstock.com; S. 196 M/Alamy; S. 196 G/Mike Warburton Photography; S. 196 G/Alan Tunnicliffe Photography; S. 196 G/Milan Zygmunt; S. 196 G/Adelheid Nothegger; S. 197 Look/ClickAlps; S. 198 Look/Rainer Martini; S. 198 G/Oskar Kihlborg; S. 199 G/Sizun Eye; S. 199 G/Francesco Meroni; S. 200 EGT-1/Shutterstock.com; S. 200 Alex Cimbal/Shutterstock.com; S. 200 Look/Rainer Mirau; S. 201 LedyX/Shutterstock.com; S. 201 mattbadal/Shutterstock.com; S. 201 Atmosphere1/Shutterstock.com; S. 202 M/Alamy; S. 203 Aleksandar Todorovic/Shutterstock.com; S. 203 Zaleman/Shutterstock.com; S. 203 M/Martin Siepmann; S. 204 Look/Don Fuchs; S. 204 G/Harald Nachtmann; S. 204 Nick Fox/Shutterstock.com; S. 204 G/Franz-Marc Frei; S. 205 Juan Carlos Munoz/Shutterstock.com; S. 206 Yury Bobryk/Shutterstock.com; S. 208 Cristian Gusa/Shutterstock.com; S. 208 G/Maremagnum; S. 208 Elena Odareeva/Shutterstock.com; S. 209 Leela Mei/Shutterstock.com; S. 209 Eteri Okrochelidze/Shutterstock.com; S. 211 Nikolay132/Shutterstock.com; S. 212 peacefoo/Shutterstock.com; S. 212 G/Izzet Keribar; S. 213 Vadim Sadovski/Shutterstock.com; S. 216 G/Jay Dickman; S. 217 M/Umut Kacar; S. 220 Look/Katharina Jaeger; S. 222 M/John Warburton-Lee; S. 224 M/Alamy; S. 224 dibrova/Shutterstock.com; S. 226 M/Paolo Gislimberti; S. 227 Look/Olaf Meinhardt; S. 227 M/Armands Pharyos; S. 228 G/Harald Nachtmann; S. 228 Look/Ulf Böttcher; S. 229 Yury Bobryk/Shutterstock.com; S. 229 G/Karp85

Alle weiteren Illustrationen von Patrick Tümmers

Impressum

Verlagsleitung: Grit Müller
Konzept: Nora Köpp
Redaktion: Isabel Rößler
Umschlaggestaltung und Innenlayout: Patrick Tümmers

Kistlerhofstraße 111
81379 München
Telefon +49 89 45 80 20-0
www.kunth-verlag.de
info@kunth-verlag.de

ISBN 978-3-96965-137-7
1. Auflage

Printed in Slovenia

FSC
www.fsc.org
MIX
Papier | Fördert gute Waldnutzung
FSC® C106600

Zur besseren Lesbarkeit wird in diesem Buch das generische Maskulinum verwendet. Die verwendeten Personenbezeichnungen beziehen sich – sofern nicht anders kenntlich gemacht – auf alle Geschlechter.

Reise gut – alles gut!

Hier ist die Rätselreise zu Ende, und vielleicht beginnt genau jetzt die nächste Reise?